O PODER DA ORAÇÃO

O PODER DA ORAÇÃO 4

Rezar com o Espírito Santo

EDITORA
SANTUÁRIO

Dados Internacionais de Catalogação na Publicação (CIP)
(Câmara Brasileira do livro, SP, Brasil)

Catalfo, Carlos Eduardo
O poder da oração: rezar com o Espírito Santo / Carlos Eduardo Catalfo. — Aparecida, SP: Editora Santuário, 2002.

ISBN 85-7200-620-6 (vol. 1)
ISBN 85-7200-700-8 (vol. 2)
ISBN 85-7200-683-4 (vol. 3)
ISBN 85-7200-790-3 (vol. 4)

1. Espírito Santo 2. Orações I. Título.

99-2259 CDD-242.72

Índices para catálogo sistemático:

1. Espírito Santo: Orações: Literatura devocional 242.72
2. Orações ao Espírito Santo: Literatura devocional 242.72

Imprima-se

+ Aloísio Card. Lorscheider
Aloísio Cardeal Lorscheider
Arcebispo Metropolitano de Aparecida
Aparecida, 8 de novembro de 2001

Projeto Editorial: Pe. Flávio Cavalca de Castro, C.Ss.R.

Seleção de Textos: Pe. Carlos Eduardo Catalfo, C.Ss.R.

13ª Impressão

Rua Pe. Claro Monteiro, 342 – 12570-000 – Aparecida-SP
Tel.: 12 3104-2000 – Televendas: 0800 - 16 00 04
www.editorasantuario.com.br
vendas@editorasantuario.com.br

Meu Deus,
está é a graça que hoje,
de modo especial, vos peço:
pelos méritos de Jesus Cristo:
fazei que em minha vida
e principalmente
nos momentos de tentação
eu sempre me recomende a vós
e espere vossa ajuda.
Virgem Santíssima,
obtende-me esta graça
da qual depende minha salvação.

Santo Afonso Maria de Ligório (†1787)

SUMÁRIO

PREFÁCIO

O dia chega a seu ocaso. O crepúsculo cai sobre a terra com suas cores avermelhadas. A quietude da tarde parece harmonizar-se com a conversa animada das crianças que saem da escola e espalham sua alegria pelas ruas do bairro.

Ao longe um cachorro late, talvez saudando as crianças ou querendo espantá-las. Dizem que alguns cães não se dão bem com as crianças, talvez porque elas lhes roubem a alegria dos donos quando chegam em casa. Um sino toca, chamando à oração. Ele tem um quê de melancolia, convida ao silêncio, a uma pausa, a um encontro!

Talvez em seu cotidiano não haja o alarido de crianças voltando da escola, o ladrar dos cães ou o tinir sagrado de um sino, mas, com certeza, há um convite a chegar continuamente a seu coração: o convite a um encontro, além das palavras, dos sons, dos véus, das máscaras, das formalidades, enfim, além de tudo que afasta você de seu verdadeiro eu. Um encontro com aquele que é a origem de tudo o que existe, a raiz de seu ser e também seu fim, "o autor consumador de nossa fé" (Hb 12,2).

Oração, na perspectiva cristã, é sobretudo **encontro**. Creio que não corro o risco de simplificar o tremendo significado da oração ao dizer isso, pois o próprio movimento de Deus é vir ao encontro do ser humano. Cada vez que através dos tempos Ele ofereceu Aliança aos homens foi para isso. Porque quis ficar eternamente "encontrado" junto à humanidade, foi que se fez carne e habitou entre nós. Quis fazer sua morada entre nós. Ele fez isso porque ama e o amor nunca é solitário. Amar implica o outro e é sempre gratuito: "Nós amamos, porque ele nos amou primeiro" (1Jo 4,19).

Todo encontro real implica gratuidade. Não há a obrigação, o tem-de-ser. Há simplesmente o desejo, o profundo desejo de se estar com aquele a quem o coração ama: "encontrei o amado de minha alma. Segurei-o e não o soltarei (Ct 3,4). A alma quando passa por essa experiência descansa, enfim. Mas esse descanso é sempre relativo e se dá na precariedade de nossa existência, marcada pela instabilidade, pela mudança. Não é sem luta que se avança. Não é sem esforço que se consegue segurar o amado, pois,ao mesmo tempo em que Ele está perto, está também distante. São Paulo fala dessa nossa condição, quando diz que "gememos em nosso íntimo" (Rm 8,23) e que "caminhamos pela fé não pela visão" (2Cor 5,7).

Vez por outra a alma precisará sair novamente a campo à busca de seu amado. Pode ela até mesmo chegar a desconhecer seu amado, a enamorar-se por outros e esquecer-se dos laços de amor pelos quais era envolvida. Como o amado lamenta ao ver isso acontecer: "teu amor é como nuvem passageira, como o orvalho da manhã, que logo evapora" (Os 6,4). A oração é essa busca cotidiana da alma pelo amado. É o reconhecimento de sua presença, no louvor: o êxtase diante do que Ele é, na adoração: a confiança em seu amor, na entrega; a gratidão que se manifesta, na ação de graças; o anseio que desabafa, na súplica. Ora se fala, ora se cala; ora se grita, ora se sussurra; ora se dança, ora se encolhe; ora se sorri, ora se chora; ora se expressa, ora se recolhe; ora se ergue, ora se prostra. Não importa como, quando ou onde.

Não importa se sozinho ou com os os outros.O que importa é que seja verdadeira, que fale — ou que se cale — do que se sente, se vive, se espera, se teme, se sonha, do que se é. Não importa se é em vernáculo, latim ou até mesmo em alguma linguagem desconhecida, como aliás, Paulo demonstra haver e, talvez, muito mais eficaz: "o Espírito vem em socorro de nossa fraqueza. Pois não sabemos o que pedir nem como pedir; é o próprio Espírito que intercede em nosso favor, com gemidos inefáveis. E aquele que examina os corações sabe qual é a intenção do Espírito, pois é de acordo com Deus que ele intercede em favor dos santos" (Rm 8,26-27).

Ao tomar alguma dessas orações, não o faça como um náufrago à procura de uma tábua de salvação ou como alguém que encontrou uma fórmula mágica. A salvação real está dentro de você, pois Jesus já a realizou por todos nós e quer colocá-la a nosso dispor, concretamente, nas situações do dia a dia, para que descubramos o que é viver como filhos e filhas de Deus. A magia real habita em seu íntimo e trata-se da possibilidade de você se transformar numa pessoa cada vez melhor, cada vez mais próxima daquilo para o que você foi criado: crescer integralmente em todas as áreas de sua vida.

Ao tomar alguma dessas orações, procure não somente rezá-las, mas rezar através, por entre elas, como se essas palavras inspiradas na vida de homens e mulheres de Deus fossem portais, pelos quais você atravessará para encontrar suas próprias palavras ou seu próprio silêncio. Seja você mesmo um aprendiz na vida espiritual, componha você mesmo suas orações. Mergulhe fundo em sua intuição. Creia na inspiração do Espírito Santo e saiba que desejar já é começar a orar.

Depois que você reservar alguns mimutos diários para esse encontro especial com aquele que tudo É, você perceberá, com o tempo, que não há mais como sair de Sua presença. Tudo, a cada momento, estará impregnado da divina presença e sua vida irá se convertendo mais e mais em encontro, até que chegue aquele dia em que não haverá mais separação, pois Ele será tudo em todos!

Pe. Sérgio Luiz e Silva, C.Ss.R.

ORAÇÃO É UM ENCONTRO DE AMOR

Deus ama você.

Deus ama você com um amor maior. Foi por isso que Deus criou você e quer fazê-lo feliz. Foi por isso que Deus criou tudo o que existe. Deus é bom.

Foi Jesus quem nos ensinou que Deus é nosso PAI. Jesus mesmo chamava Deus de ABBA, que em hebraico quer dizer PAI.

Você também pode chamar Deus de Pai. Pode confiar nele, porque ele quer ajudar você a ser feliz.

A ORAÇÃO É NOSSO ENCONTRO COM DEUS. Ele nos ama e compreende. Você pode falar com ele, pode dizer com toda simplicidade que o quer bem, que está contente porque ele é seu Pai. Pode dizer que precisa dele. Você pode conversar com ele para dizer até o que nem era preciso dizer, porque ele é seu Pai, é seu Amigo. Ele vê dentro de seu coração e sabe tudo antes de você dizer. Mas ele quer conversar com você. ORAÇÃO É FICAR PERTO DE DEUS.

Você pode estar sempre junto de Deus, mas, pelo menos de vez em quando, você precisa prestar mais atenção em Deus. Conversando mesmo com ele. E conversar é falar e ouvir.

Para você viver esses encontros de amor com Deus é bom pedir a inspiração do Espírito Santo.

Essa inspiração, que na verdade são os dons do Espírito Santo: sabedoria, entendimento, conselho, fortaleza, ciência, piedade e temor de Deus, irão ajudá-lo a falar e ouvir, saber conversar com Deus. O Espírito Santo faz você conhecer esse Deus que é amor, que é Pai.

ORAÇÃO É:
— estar com Deus
— ouvir o que ele diz
— dizer que você o quer bem
— agradecer o que ele fez por você
— pedir o que você precisa
— pedir perdão.

Como conversar com Deus

É só Deus mesmo que pode ensinar você a conversar com ele. Contanto que você escute e responda. A gente aprende conversar conversando.

— CONVERSE SEMPRE COM DEUS, em qualquer lugar, sempre que você se lembrar dele. Converse no coração. Ninguém precisa saber que você está conversando com Deus.

— DE VEZ EM QUANDO PARE UM POUCO, para conversar mais devagar com Deus. Para não se esquecer, marque um horário certo para esse *encontro com Deus*. E dê um jeito de não faltar.

— ARRANJE UM LUGAR QUIETO para sua conversa com Deus.

— COMECE PEDINDO QUE ELE AJUDE NA CONVERSA. E depois deixe um tempinho para ele falar. Aos poucos ele vai ensinar você muitos jeitos de conversar com ele.

— PARA OUVIR A DEUS VOCÊ PODE LER UM POUCO. Ou do Evangelho, ou deste livro, ou de qualquer outro. Mas não leia só com os olhos. Leia também com a boca e o coração. Leia devagar.

— PROCURE VER O QUE DEUS QUER DE VOCÊ, o que ele acha das pessoas, dos acontecimentos e das coisas.

— VÁ RESPONDENDO E DIZENDO o que você pensa, o que você quer, o que está faltando, se você está alegre ou se está triste.

— PARA AJUDAR NA CONVERSA, você pode ir repetindo bem devagar alguma oração que você sabe de cor, ou alguma oração deste livro. Ou até pode cantar alguma coisa.

— FALE TAMBÉM COM O SEU CORPO. Com a sua posição mostre o que você está fazendo. Faça gestos. Feche os olhos se isso ajudar você a prestar mais atenção.

— QUANDO ACABAR A ORAÇÃO, a sua conversa com Deus, agradeça o encontro e prometa voltar logo.

Padre Flávio Cavalca de Castro, C.Ss.R.

ORAÇÃO DA MANHÃ I

Eu vos adoro, meu Deus, e vos amo de todo o meu coração.

Dou-vos graças por me terdes criado e feito cristão.

Peço-vos conservar e aumentar a minha fé.

Ofereço-vos os atos do dia; fazei que sejam todos conforme à vossa santa vontade, pela maior glória vossa.

Preservai-me do pecado e de todo o mal.

A graça vossa esteja sempre comigo e com todos os meus queridos! Assim seja!

ORAÇÃO DA MANHÃ II

Eu vos adoro, meu Deus,
e vos amo de todo o coração.

Agradeço-vos por meu terdes criado,
feito cristão e conservado nesta noite.

Ofereço-vos as ações deste dia:
fazei que sejam todas
segundo vossa santa vontade,
para a maior glória vossa.

Preservai-me do pecado e de todo o mal.
Esteja vossa graça sempre comigo
e com todos os meus caros.
Assim seja.

ORAÇÃO DA MANHÃ III

Em nome do Pai, do Filho e do Espírito Santo. Amém.

Bendito sejais, meu Deus, porque ainda me conservais a vida. Fazei, Senhor, que seja só para vos servir.

Glória vos seja dada, ó Trindade Santa, por mim e por todas as criaturas, agora e por todos os séculos. Amém.

Obrigado, Senhor, por mais este dia em que me concedeis a graça de viver. Acompanhai-me com vossa luz e com vosso amor. Fazei que eu cumpra a vossa vontade e viva no vosso amor. Dai-me um coração que se alegre com as vitórias e força para suportar as dificuldades. Que eu saiba ser compreensivo e bondoso com todas as pessoas que me cercam. Livrai-me do desânimo, da impaciência e de todo o mal. Que eu chegue ao fim deste dia com um coração agradecido e cheio de paz, e minha boca cante os vossos louvores. Amém.

Pai-nosso, Ave-Maria, Glória ao Pai.

ORAÇÃO DA NOITE I

Obrigado, Senhor, por tudo o que consegui fazer hoje. Pela minha família para quem trabalhei, pelos amigos que encontrei!

Dá gosto, Senhor, trabalhar convosco na construção de uma humanidade mais feliz e de um mundo mais humano. No entanto, Senhor, vos peço perdão por aquilo que eu poderia ter feito e não fiz. Poderia ter dado e exigido um pouco mais de mim. Amanhã, porém, terei uma nova oportunidade. Farei aquilo que estiver dentro das minhas possibilidades. Espero encontrar-vos, novamente, amanhã, fortalecido com a vossa graça, para realizar os propósitos que, hoje, renovo na vossa presença. Amém.

ORAÇÃO DA NOITE II

Pelo sinal da santa cruz, livrai-nos Deus, nosso Senhor, dos nossos inimigos. Em nome do Pai, do Filho e do Espírito Santo. Amém.

Meu Deus, meu Pai e Criador: eu vos adoro e reverencio de todo o meu coração; dou-vos infinitas graças por me terdes criado, feito cristão e conservado neste dia.

Creio em vós, porque sois a verdade. Espero em vós, porque cumpris as vossas promessas. Eu vos amo porque sois infinitamente bom e digno de amor. E amo a meu próximo como a mim mesmo, por amor de vós.

Obrigado, Senhor, por mais este dia que acabo de viver. Procurei viver no vosso amor e nada me faltou. Na vossa companhia vivi as alegrias e suportei os sofrimentos. Confiei em vós e aceitei vossa vontade. Não fui perfeito, mas procurei ser bom. Perdoai minhas faltas, Senhor, e acolhei--me.

Dai-me uma noite tranquila e que, por vossa graça, o descanso restaure minhas forças. Fazei que amanhã eu esteja pronto para cumprir vossa vontade e acolher todos os meus irmãos com amor.

Virgem Maria, ficai comigo e velai sobre mim durante esta noite. Vós sois minha mãe e eu confio em vosso amor. Amém.

Pai-nosso, Ave-Maria, Glória ao Pai.

VINDE, ESPÍRITO DE FORTALEZA

A fraqueza de espírito nos impulsiona a cometer atos movidos simplesmente pelas paixões internas e pela pressão do ambiente. Atos que demonstram a nossa fraqueza moral e que produzem acomodação e pecado social.

Que o dom da fortaleza me auxilie a aperfeiçoar e elevar a minha virtude moral, infundindo em mim a coragem para fazer a vontade de Deus, especialmente nos tempos difíceis e nas provações da vida.

"Deus é minha fortaleza e minha força" (2Sm 22,33).

Hélcio Vicente Testa

VINDE, ESPÍRITO DE CIÊNCIA

Pelas ciências somos levados a conhecer as leis naturais que regem o mundo; mas com o dom da ciência que de vós provém podemos conhecer o verdadeiro valor das vossas criaturas.

Que eu possa neste dia não valorizar o que é material, que eu não transforme em ídolos as coisas por vós criadas, mas possa valorizá-las pela sua dependência de vós, Criador de todas as coisas. Que a vossa ciência me auxilie a perceber o mundo como manifestação de vosso amor infinito.

"É ele que revela as coisas profundas e escondidas, que conhece o que está nas trevas" (Dn 2,22).

Hélcio Vicente Testa

VINDE, ESPÍRITO DE CONSELHO

As paixões muitas vezes nos levam a tomar decisões destrutivas; o vosso dom do conselho vem socorrer-nos para obtermos uma justa decisão.

Logo pela manhã venho pedir que me auxilieis a dirigir a palavra exata, no momento oportuno, a cada pessoa. Vosso dom possa iluminar a minha consciência, principalmente nas opções morais que a vida me apresentar. Que vosso conselho me ajude a praticar a virtude cardeal da prudência em minhas ações.

"Sabedoria e fortaleza estão em Deus; ele possui o conselho e a inteligência" (Jó 12,13).

Hélcio Vicente Testa

VINDE, ESPÍRITO DE AMPARO

Como é bom sentir-me amparado por vós. Nos momentos difíceis de minha vida posso sempre perceber a vossa presença a me sustentar, a me proteger, a me amparar.

Assim como sinto o vosso amparo em meus dias, quero hoje poder transmitir este mesmo sentimento aos meus irmãos. Dai-me forças, Senhor, para amparar aquele que estiver caído, abalado ou desesperado. Que a vossa presença de amparo seja sentida com a minha presença.

"Atacaram-me no dia da minha aflição, e o Senhor fez-se meu amparo" (Sl 18,19).

Hélcio Vicente Testa

VINDE, ESPÍRITO DE FÉ

Muitas vezes sinto-me fraco no meu acreditar, no meu confiar. Sei que vós sois o centro e a fonte de toda a nossa fé, mas humildemente como os Apóstolos, venho pedir-vos: "eu creio, mas aumentai a minha fé".

Quero acreditar com todo o meu ser, com todas as minhas forças, para transmitir as maravilhas que tenho experimentado em minha vida. Dai, Senhor, que eu seja forte na fé e que possa superar todas as dúvidas que povoam a minha mente.

"Mas o justo viverá na sua fé" (Hab 2,4).

Hélcio Vicente Testa

VINDE, ESPÍRITO DA VOCAÇÃO

Desde a minha concepção vós me chamastes à vida. A todo momento sinto que continuais me chamando para ser cristão por completo, e eu tenho de responder a esta vocação com o meu sim, consciente de que existem várias formas de chamados. Quero hoje ser resposta de amor a seu chamado.

Dentro das minhas circunstâncias e dos meus limites quero responder o meu sim, e colocar-me verdadeiramente a seu serviço. Fazei de mim, Senhor, um instrumento do vosso amor e da vossa misericórdia.

"Andeis de um modo digno da vocação a que fostes chamados" (Ef 4,1).

Hélcio Vicente Testa

VINDE, ESPÍRITO MISSIONÁRIO

Preciso responder ao compromisso assumido em meu batismo. Enviai-me, Senhor, para ser um anunciador de vossa Palavra, preciso sentir vossa força a me impulsionar, a me proteger e a me conduzir.

Que eu não tenha medo de proclamar, de evangelizar, de anunciar a vossa misericórdia e o vosso amor. Faça-se em mim segundo a vossa

Palavra e que eu possa servir-vos como anunciador desta mesma Palavra.

"O Senhor Deus me enviou com o seu espírito" (Is 48,16).

Hélcio Vicente Testa

VINDE, ESPÍRITO DE TESTEMUNHO

Diante de um mundo secularizado, onde os valores materiais sobrepõem os espirituais, onde o ter e o poder são mais valorizados do que o ser, é difícil dar testemunho do ser cristão, do acreditar na possibilidade de um mundo de justiça e fraternidade.

Assim como vós destes força aos santos e santas de Deus para com sua vida serem testemunhas de vosso amor, ajudai-me a ter a coragem de dar testemunho com a minha vida na busca de um mundo melhor.

"O testemunho é este: que Deus deu-nos a vida eterna" (1Jo 5,11).

Hélcio Vicente Testa

VINDE, ESPÍRITO ANIMADOR

O desânimo se abate sobre mim, e eu me sinto fraco até para rezar. Nestas horas é que quero contar com a força animadora que de vós nos vem. Dai-me ânimo para poder pedir, para poder agradecer, para poder louvar. Que eu não desanime na minha busca diária da santidade.

Animador da Santa Igreja, vinde até mim com vosso fogo abrasador e infundi em meu coração a coragem para poder orar e cumprir com os meus deveres de cristão.

"Tendes ânimo, sou eu, não temais" (Mt 14,27).

Hélcio Vicente Testa

VINDE, ESPÍRITO DE LIBERDADE

Existem muitas prisões em nosso mundo, porém, as maiores prisões são aquelas que não podem ser vistas, as prisões dos vícios, das maldades, do desamor; prisões onde a chave da liberdade está no coração.

Vós tendes dado muitas provas durante a nossa vida de que sois o supremo libertador. Sede hoje para mim razão de libertação para todas as correntes que me impedem de viver plenamente a vida que de vós me vem.

correntes que me impedem de viver plenamente a vida que de vós me vem.

"No meio de minhas tribulações invoquei o Senhor, e ele me ouviu, e me libertou" (Sl 116,3s.).

Hélcio Vicente Testa

VINDE, ESPÍRITO DE PACIÊNCIA

O meu nervosismo e a agitação do dia a dia fazem que eu não exercite o dom da paciência, da espera confiante. Muitas vezes minha impaciência faz com que eu magoe aqueles que estão à minha volta.

Seja, Senhor, o meu auxílio nos momentos em que eu me deixar levar pela impaciência, para que eu possa discernir melhor todas as situações que a vida me impõe, e para melhor compreender o meu próximo.

"O que é paciente governa-se com muita prudência" (Pr 14,29).

Hélcio Vicente Testa

A DEUS FILHO

Cristo, luz da nossa vida, dá-nos tua luz que não conhece o anoitecer.

— Cristo, tem piedade de nós.

Não permitas que teu Espírito se afaste de nós, para que sempre demos testemunho da tua bondade e permaneçamos no teu amor.

— Cristo, tem piedade de nós.

Liberta-nos, por tua palavra e por tua vitória sobre a morte, do medo e da angústia.

— Cristo, tem piedade de nós.

Sabedoria e força de Deus, precisamos de ti, não nos deixes.

— Cristo, tem piedade de nós.

Tu és a paz e a reconciliação, tira os nossos pecados.

— Cristo, tem piedade de nós.

Que a tua luz ilumine todo este dia, mostra-nos o caminho a tomar.

— Cristo, tem piedade de nós.

Adriano Backx

ORAÇÃO A CRISTO RESSUSCITADO

Ó Cristo Ressuscitado, da morte vencedor, por tua vida e teu amor, mostraste a nós a face do Senhor.

Por tua Páscoa o céu à terra uniste e o encontro com Deus a todos nós permitiste.

Por ti, Ressuscitado, os filhos da luz nascem para a vida eterna e abrem-se para os que creem as portas do Reino dos céus. De ti recebemos a vida que possuis em plenitude, pois nossa morte foi redimida pela tua e em tua ressurreição nossa vida ressurge e se ilumina.

Volta a nós, ó Páscoa, teu semblante redivivo e permita que, sob teu constante olhar, sejamos renovados por atitudes de ressurreição e alcancemos graça, paz, saúde e felicidade para contigo nos revestir de amor e imortalidade.

A ti, inefável doçura e nossa eterna vida, o poder e a glória por todos os séculos. Amém.

ORAÇÃO A CRISTO REI

Ó Cristo Jesus, eu vos reconheço como Rei universal. Tudo o que foi feito, para vós foi criado. Exercei sobre mim todas as vossas prerrogativas. Renovo as minhas promessas do batismo, renunciando a toda espécie de maldade e prometo viver como bom cristão. E mui particularmente empenhar-me-ei em fazer prevalecer por todos os meios a meu alcance os direitos de Deus e de vossa Igreja.

Divino coração de Jesus, ofereço-vos as minhas pobres ações para alcançar que todos os corações reconheçam a vossa realeza sagrada, e que por este modo o reino da vossa paz se estabeleça em todo o mundo. Assim seja.

CHAMA-NOS, Ó SENHOR!

Senhor Jesus,
que chamaste quem tu quiseste,
chama muitos de nós para trabalhar por ti,
para trabalhar contigo.

Tu, que iluminaste com a tua Palavra
aqueles que chamaste,
ilumina-nos com o dom da fé em ti.

Tu, que os sustentaste nas dificuldades,
ajuda-nos a vencer as nossas dificuldades
de jovens de hoje.

E se chamas algum de nós,
para consagrá-lo todo a ti,
o teu amor anime esta vocação
desde seu nascer
e a faça crescer
e perseverar até o fim.
Amém.

NO MAR DA VIDA

Ó Jesus,
tantas vezes viajaste
no mar da Galileia.

Sobre a barca
falaste aos discípulos,
pregaste às pessoas,
salvaste das tempestades.

Estás presente
no barco da minha vida.
Manda-me o vento
do teu Espírito Santo
para que a minha viagem
seja feita sem reservas para o bem.

Clareia o caminho
com o sol do amor,
para que na tranquilidade do mar
a viagem transcorra feliz.

Alegra-me a luneta da esperança
para ver sempre mais próxima,
no passar do tempo,
a terra do encontro e do amor eterno.
Amém.

INVOCAÇÕES TIRADAS DOS EVANGELHOS

"Jesus mestre, tende piedade de nós." (Lc 17,13)

"Senhor, salvai-nos." (Mt 14,30)

"Senhor, Filho de Davi, tende piedade de mim." (Mt 15,22)

"Mestre, eu creio, mas ajudai a minha incredulidade." (Mc 9,24)

"A minha filhinha está morrendo; vinde impor as mãos sobre ela para que seja curada e possa viver." (Mc 5,2)

"Mestre, eu vos peço que olheis para meu filho, porque é o único que eu tenho." (Lc 9,3)

"Rabi, fazei que eu veja." (Mc 10,51)

"Senhor, afastai-vos de mim porque sou um pecador." (Lc 5,8)

"Meu Senhor e meu Deus." (Jo 20,28)

"Senhor, sabeis tudo; sabeis que vos amo." (Jo 21,27)

“Senhor, para onde iremos? Vós tendes palavras de vida eterna.” (Jo 6,68)

“Ficai conosco, Senhor, porque já é tarde e o dia se põe.” (Lc 24,29)

“Jesus, lembrai-vos de mim quando entrardes em vosso reino.” (Lc 23,42)

QUE O SANTO ESPÍRITO SE UNA AO NOSSO ESPÍRITO

Espírito Santo, eleva-nos à tua altura,
tu que edificas o Corpo Místico do Cristo,
tu que és o Agente.
Que por ti sejamos colaboradores;
ensina-nos, pois, a orar...
Espírito Santo, tu sabes o que é preciso pedir,
o que é necessário para viver a minha vocação,
pelo meu apostolado,
e o que é fundamental para as almas
que dependem de mim.
És tu que farás com que minha oração
chegue nas regiões profundas,
longínquas, misteriosas que não conheço,
mas que um dia verei no céu.

Frei Maria-Eugênio do Menino Jesus

VEM, DEUS CRIADOR

Vem, Espírito Santo, Deus criador,
visita a alma de teus filhos,
enche de graça e de glória
todos os corações criados por ti.
Jesus diz que és consolador,
dom infinito do Deus altíssimo,

água viva, fogo e caridade,
para as almas doce unção.
Tu nos trazes os sete dons,
ó mão do Pai todo-poderoso!
Prometido ao Filho e enviado,
tu inspiras nossas vozes.
Faze tua luz brilhar em nós!
Derrama o amor em todos os corações!
Na fraqueza de nossos corpos
coloca tua força e teu vigor.
Repele para longe nosso inimigo,
vem depressa dar-nos a paz!
Para nos guiar vai adiante de nós,
de todo mal preserva-nos!

Marcel Thomas

GUIAR-SE PELO ESPÍRITO

Guia-me, graça de Deus,
por todos os caminhos do mundo,
pelos caminhos de meus segredos.
Que eu decifre pelas pegadas a passagem de Deus,
que eu experimente em mim o magnetismo de teu pólo.
Desperta-me Espírito de Deus,
do qual não sei de onde vem nem para onde vai.
Alerta minha atenção para o sussurro de teu sopro,
e que minha alma, envolvida por teu poder,
murmure como a folha vestida da brisa que a nutre.

Carrega-me, alegria de Deus,
quando me abatem as perturbações da tristeza,
quando o peso do corpo me faz olhar
para o pássaro que tem asas.
Se a dor asfixia meu sangue,
se a inquietação afoga minha alma,
ajuda-me a erguer os diques do cântico.
Espírito de Deus, dom de amar,
comanda minhas escolhas.
Faze-me descobrir o metal puro da aliança
que une a caridade inspiradora ao simples dever,
a liga que muda a poeira em palhetas de ouro.
Despertador da ação, Espírito de força,
eletriza meus músculos.
Lança tua energia sem medida,
e que eu continue a agir além do termo de meu tempo.
Espírito, tu dás o conhecimento para lá do saber.
Que adianta o universo sem a surpresa das almas?
Esplendor de Deus, Espírito de luz,
em meu espírito coloca o louvor,
e em meu coração a gratidão.
Onde te ocultas, Espírito de transparência?
Torna meus olhos aptos para ver e reconhecer
o rastro de tua doçura, o andar de teu poder
quando passas e renovas a face da terra.
Espírito de semeadura,
inquieta-me com algo diferente do humano.
Faze-me testemunhar a primavera te tua presença.

Achille Degeest

SOPRA SOBRE MEUS OLHOS

Espírito Santo,
que conduziste os profetas
por desertos de areia
ou pela amplidão dos mares,
sopra sobre meus olhos,
a fim de que, por toda a parte,
saibam ver a Trindade Santa.
Sopra sobre meus lábios,
a fim de que só digam e cantem
a verdade que liberta.
Abre meu coração à beleza do mundo,
ao alegre esplendor das formas sensíveis,
para que todos os meus encontros
sejam sempre louvores a Deus
e motivos de amor,
e todas as criaturas constituam
degraus que me levem ao Criador.

Joseph Folliet

TU RENOVAS A FACE DO MUNDO

Vem, Espírito, divino Paráclito,
comunhão do Pai e do Filho.
Tua vinda é o ápice
das maravilhas de Deus realizadas entre nós...
Tu dás a vida a todas as coisas,
tu, que vens renovar a face da terra.
Tu reges os movimentos dos corações

e conduzes os homens para o amor.
Por teu sopro nós temos a graça de amar,
e com tua força tu nos transformas.
Dá-nos sermos o socorro dos oprimidos,
a força dos fracos,
o auxílio na provação, artífices da paz.
Faze que sejamos absorvidos em Deus
e que a sua caridade aproxime
e reúna todos os seres.

Jean Toscano

FONTE DE VIDA

Vem, Espírito Santo,
inunda-nos!
Espírito do Pai, vivifica-nos!
Espírito do Filho, salva-nos!
Amor eterno, abrasa-nos,
com teu fogo inflama-nos,
com tua luz ilumina-nos.
Fonte viva, dessedenta-nos,
de nossos pecados purifica-nos.
Por tua unção robustece-nos,
com teu consolo recria-nos.
Com tua graça nos guia
e protege-nos com teus anjos.
Não consintas jamais separar-nos de ti
e ouve nossa oração, Deus Espírito Santo.
Toca-nos com teu dedo
e infunde-nos a torrente de virtudes.

Fortalece-nos com teus dons,
deleita-nos com teus frutos.
Guarda-nos do inimigo mau,
unge-nos para o combate derradeiro,
ampara-nos à hora da morte.
Chama-nos, então, para junto de ti,
para louvar, por toda a eternidade,
o Pai, o Filho e a ti,
com todos os Santos,
ó doce Consolador.
Amém.

João Janssen

PRECISAMOS DE TI

Precisamos de ti, de ti somente,
e de ninguém mais.
Somente tu, que nos amas, podes sentir,
por nós todos que sofremos,
a compaixão que cada um de nós
sente em relação a si mesmo.
Só tu podes sentir quanto é grande,
incomensuravelmente grande,
a necessidade que há de ti, neste mundo,
nesta hora que o mundo atravessa.
Nenhum outro, nenhum dentre tantos que vivem,
nenhum dos que dormem no lamaçal da glória,
pode conceder a nós, necessitados,
o dom de voltar a ver o bem que salva,
em meio da atroz penúria,

da miséria mais tremenda
que qualquer outra — a da alma.
Todos precisam de ti,
mesmo aqueles que não o sabem,
e estes que não o sabem precisam
bem mais do que os que sabem.
O faminto pensa que deve procurar o pão
e, no entanto, tem fome de ti;
o sedento julga querer água,
mas o que sente é sede de ti
o enfermo ilude-se ao desejar a saúde,
porque o seu mal é a ausência de ti.
Quem busca a beleza no mundo,
sem se aperceber busca a ti,
que és a beleza plena e perfeita;
quem, em seus pensamentos,
procura a verdade,
sem querer deseja a ti,
que és a única verdade
digna de ser conhecida;
e quem se esforça para alcançar a paz
está buscando a ti,
a única paz onde podem repousar
os corações mais inquietos.
Eles te chamam sem saber que te chamam
e o seu grito é inexprimivelmente
mais doloroso do que o nosso.

Papa João Paulo I

ESPÍRITO DE ORAÇÃO

Espírito de oração,
tu, em quem o amor é prece,
vem traduzir em nosso coração
teu amor pelo ardor da oração.
Convence-nos da necessidade da oração,
conforme a recomendação de Jesus
a seus discípulos: "Velai e orai".
Inspira-nos o gosto, a paixão de rezar,
como nos inspiras o gosto e a paixão de amar.
Dá-nos a coragem de interromper
nossas atividades
e abandonar nossas preocupações,
para nos entregar ao único necessário,
para rezar.
Ensina-nos a rezar, a dialogar com o Senhor
ou a permanecer perto dele em silêncio.
Sustenta em nossa prece
o movimento do espírito e do coração,
libertando-o de qualquer outro impulso
e arrastando-o para Deus.
Na impossibilidade de rezar,
ajuda-nos a manter nossa oferenda,
a fazer uma oferenda mais sincera
de nossa pobreza.
Como nossa prece deve ser a expressão do amor,
impede-nos de pensar muito em nós mesmos,
e faze-nos rezar pelos outros, pela Igreja.
Faze, sobretudo, de nossa prece
o esquecimento de nós mesmos
por um olhar que nos mergulha no Senhor.

Vem rezar em nós, Espírito Santo,
e valoriza, por tua prece divina,
nossa miserável oração humana.

Jean Galot

DE TI, ESPÍRITO SANTO

De ti, Espírito Santo, espero luz e força,
dinamismo e coragem.
Quisera deixar-me dominar e guiar por ti,
ficando à escuta das menores sugestões
que me comunicas
em todas as circunstâncias.
Desejo encontrar em ti a verdadeira coragem
que não cede jamais, para realizar até o fim,
na alegria e na dor, minha missão.
Aos problemas diversos que devo enfrentar,
mostra-me a resposta,
inspira-me as palavras que devem ser ditas,
as providências a tomar,
as opções a fazer, o amor a testemunhar.
Que meu trabalho, colocado sob a tua ação,
ultrapasse meus limites e opere
em todos aqueles
que colocas no meu caminho
as maravilhas de Deus.

LOUVOR AO ESPÍRITO

Louvado sejas, Espírito de força e de verdade.
Tu és o fogo de amor que arde no coração
de Deus.
Tu és a luz que aclara o caminho de todo
o universo.
Tu és o defensor que testemunha
a verdade no coração de cada ser.
Consolador,
a cada instante tornas presente ao homem
o amor infinito de Deus.
Tu, que és fiel, jamais abandonas
quem procura o Senhor.
Dispensador de todos os dons,
luz de nossos corações, sopro do amor,
fonte da alegria, nós te louvamos.

AO ESPÍRITO SANTO NO INÍCIO DE REUNIÕES

Espírito Santo, estamos diante de vós, sob o peso de nossas culpas, porém reunidos em vosso nome. Vinde a nós e ficai conosco! Entrai em nossos corações. Ensinai-nos o que devemos fazer. Que caminho seguir. Mostrai-nos como devemos agir, para podermos, com vossa ajuda, agradar-vos em tudo. Que somente vós sejais o inspirador e o doador de nossos pensamentos. Vós, que amais infinitamente a justiça, não permitais que façamos injustiças. A ignorância não nos leve a praticar a maldade. Que ninguém de nós se deixe guiar olhando só para um lado, com parcialidade ou com interesses puramente pessoais. Ao contrário, que estejamos firmemente unidos a vós, para sermos uma só coisa convosco, nunca nos desviando da verdade.

Espírito Santo, assim como nos reunimos em vosso nome, guiados pelo vosso amor, fazei que permaneçamos sempre unidos na justiça. E que nesta terra jamais nos afastemos de vós. E na vida futura, alcancemos a felicidade eterna. Amém.

Do 4º Concílio de Toledo

ESPÍRITO SANTO, ILUMINAI-ME

Ó Espírito Santo, alma de minha alma,
eu vos adoro,
iluminai-me, guiai-me, fortificai-me,
consolai-me,
dizei-me o que devo fazer,
dai-me vossas ordens:
Eu prometo obedecer
a tudo o que desejais de mim
e de aceitar tudo o que
permitirdes que me aconteça.
Fazei-me somente conhecer a vossa vontade.
Amém.

Cardeal Mercier

ESPÍRITO DE SANTIDADE

Espírito do Pai, vós sois a luz.
Enviai-nos do céu o esplendor da glória.

Unção celeste, fonte de vida,
revigorai os corações e curai os corpos.

Espírito de Santidade, Espírito de luz,
Espírito de fogo, descei sobre nós.

Testemunho verdadeiro, vós nos enviais
ao mundo
para proclamar que Cristo ressuscitou!
Espírito de exultação, alegria da Igreja,
fazei brotar dos corações o canto
do Cordeiro.

Espírito de Santidade, Espírito de luz,
Espírito de fogo, descei sobre nós.

Fazei-nos conhecer o amor do Pai
e revelai-nos o rosto de Jesus Cristo.
Fogo que ilumina, sopro de Vida,
vós tornais gloriosa a Cruz do Senhor.

Espírito de Santidade, Espírito de luz,
Espírito de fogo, descei sobre nós.

MARIA, OLHA POR NÓS

Maria da Anunciação,
que todos nós possamos ser servos da Palavra.
Maria de Belém,
que todas as crianças possam
nascer no seio de uma família.
Maria das coisas de todos os dias,
que possamos aprender contigo
e guardar tudo no fundo do coração.
Maria.
Maria de Nazaré,
que nossas crianças possam crescer
em idade, graça e sabedoria
diante de Deus e dos homens.
Maria de Caná,
olha por todos os noivos e por aqueles
que se preparam para o casamento.
Maria de Jerusalém,
conforta todos os que sofrem
perseguições e injustiças.
Maria do Calvário,
olha por todas as mães que perdem um filho.
Maria do Cenáculo,
ajuda-nos a viver a vida nova do Espírito. Amém.

Frei Almir Guimarães

MINHA NOSSA SENHORA

"Minha Nossa Senhora!", o povo exclama.
E esta frase, sem dúvida, incorreta,
exprime, da maneira mais completa
teu prestígio sem par que o mundo aclama.

És minha só, minh'alma é que te chama
para aplacar-lhe a agitação secreta;
mas é nossa também, pois meiga e reta,
teu favor sobre todos se derrama.

Minha Nossa Senhora, em teu regaço,
acolhe compassiva o meu cansaço,
recebe o coração que em dor se aninha.

Mitiga as dores, o amargor adoça,
do mal de todos nós, Senhora nossa,
deste sofrer só meu, Senhora minha!

Affonso Celso

MARIA, IMACULADA ESPOSA DO ESPÍRITO SANTO

Vós que concebeis à luz do Espírito Santo de Deus, que aqui sobre a árvore da Vida, na montanha sagrada do vosso Santuário, onde a água jorra abençoada pela vossa presença, onde as vossas graças sempre abundantes nos são permitidas, vós que escolhestes este espaço do Estado do Espírito Santo como instrumento da proteção divina, exatamente, para salvação da humanidade, nós vos rogamos, Senhora, o vosso amparo e a vossa misericórdia, mais uma vez, com a promessa de purificação de nossa alma e de nosso coração, através da oração e da confissão, para que sejamos dignos tanto da vossa bênção como de vossa perene assistência para que vivamos sob o amparo do vosso amor e sob a claridade de vossa luz, a mesma luz do vosso Filho Jesus, divino itinerário à vida eterna. Amém!

LEMBRAI-VOS

Lembrai-vos,
ó Nossa Senhora do Sagrado Coração
que sois a Mãe de Jesus,
a "bendita entre todas as mulheres".
Temos confiança em vós
porque estais unida a Cristo,
vosso Filho e nosso Senhor.
Sabemos de nossa fraqueza e de nossa miséria
e por isto vimos implorar a vossa proteção.
Ajudai-nos, ó Mãe querida.
Dai-nos força e coragem.
Conservai-nos na esperança
até o dia de nosso encontro definitivo
com Deus, nosso Pai.
Ó Mãe carinhosa, libertai-nos do egoísmo.
Alcançai para o mundo a paz e o amor.

Concedei-nos em especial
os favores que vos suplicamos...
Apresentai estes vossos pedidos
e ações de graças ao vosso Filho,
e fazei, ó Maria,
que venha a nós o seu Reino.
Vós que sois a
Senhora do Sagrado Coração. Amém.

Missionários do Sagrado Coração

A NOSSA SENHORA AUXILIADORA
Pedindo a bênção para a casa

Santíssima Virgem Maria, a quem Deus constitui Auxiliadora dos Cristãos, nós vos escolhemos como Senhora e Protetora desta casa. Dignai-vos mostrar aqui vosso auxílio poderoso. Preservai esta casa de todo perigo: do incêndio, da inundação, das tempestades, dos ladrões, dos malfeitores, da guerra e de todas as outras calamidades que conheceis.

Abençoai, protegei, defendei, guardai como coisa vossa as pessoas que vivem nesta casa. Sobretudo concedei-lhes a graça mais importante: a de viverem sempre na amizade de Deus, evitando o pecado.

Dai-lhes a fé que tivestes na Palavra de Deus e o amor que nutristes para com o vosso Filho Jesus e para com todos aqueles pelos quais Ele morreu na Cruz.

Maria, Auxílio dos cristãos, rogai por todos os que moram nesta casa que vos foi consagrada. Assim seja.

A NOSSA SENHORA DO DIVINO PRANTO

Ó Maria como exultava o vosso espírito diante dos milagres realizados pelo vosso Filho!

Concedei a graça... a esta pessoa, cujo bem tanto me interessa, e procurai deste modo novas delícias ao vosso espírito e novas glórias a Jesus.

Saúdo-vos, ó Maria, e vos convido a assistir-me na hora de minha morte.

Jaculatória: Querido Menino Jesus, amar-te-ei muito para enxugar as lágrimas que te faz derramar a ingratidão dos homens, também das pessoas a ti consagradas.

A NOSSA SENHORA D'AJUDA

Mãe Santíssima d'Ajuda,
Virgem pura e Imaculada,
ouvi como especial Advogada
os nossos clamores.
Mostrai-nos o vosso poder profundo;
o céu e a terra,
o mundo inteiro vos venera,
até o inferno a vós se rende, ó Senhora!

Procuramos o vosso abrigo
como filhos miseráveis,
pois são mais admiráveis os vossos prodígios.
Queremos, Senhora, seguir vossos vestígios.
Sede sempre nossa Protetora e Advogada,
socorrei a nós e às nossas famílias,
alcançai a todos as graças que vos pedimos,
e enfim a eterna felicidade do céu.
Abençoai-nos e protegei-nos,
ó Virgem Mãe Santíssima. Amém.

A NOSSA SENHORA DA ABADIA

Senhora da Abadia, Filha dileta de Deus-Pai, Mãe de Jesus, nosso Salvador, Esposa do Espírito Santo, eis-me aqui, diante de vossa imagem, para consagrar-me inteiramente a vós. Trago-vos, Senhora, minha vida, meu trabalho, os sofrimentos e as alegrias, as lutas e as esperanças, tudo que tenho e que sou, para oferecer a vosso Filho por vossas mãos de Mãe. Sou todo vosso, ó Maria.

Peço vossa proteção para nunca abandonar a fé católica, traindo a Jesus. Conservai-me na graça de vosso divino Filho. Dai-me força para viver de verdade o amor fraterno e assumir minha responsabilidade de cristão no mundo.

Ó Senhora da Abadia, aceitai-me como filho e guardai-me sob o vosso manto protetor. Amém.

Dom Benedito U. Vieira

A NOSSA SENHORA DO CARMO

Deus de amor, Pai de infinita misericórdia! Nós vos glorificamos por terdes revelado ao Profeta Elias, através de uma nuvem, a Imaculada Virgem Maria, Mãe do vosso Filho e da Igreja. Nós vos louvamos por Ela ter sido venerada pelos filhos dos profetas do Monte Carmelo, e por ser bem-aventurados por todas as gerações.

Nós vos adoramos ó Pai, porque enviastes vosso Filho ao mundo para salvar e fundastes a Igreja como sacramento de salvação para todos os povos e nações.

Nos vossos desígnios estabelecestes Maria Santíssima como presença e modelo insubstituível de vida Eucarística junto à Igreja Primitiva e hoje para nós, que nos alimentamos deste mesmo Pão. Concedei-nos a graça de com Maria alcançarmos, na caminhada rumo à casa do Pai, o prêmio da Vida Eterna. Amém!

ORAÇÃO DE CONSAGRAÇÃO A NOSSA SENHORA DO LÍBANO

Ó Maria, Mãe de Deus e nossa mãe,
nós consagramos a vós nossas crianças,
nossos jovens,
nossos irmãos e irmãs,
nossos pais, nossas mães,
nossos enfermos e órfãos,
nossos chefes espirituais e temporais

e todos os seres vivos e falecidos.
Ó Maria, ó Senhora do Líbano,
abençoai nossas famílias e derramai
paz e alegria em nossos corações.
Preservai a unidade dos libaneses,
coração e espírito,
onde quer que eles estejam,
assim como preservastes
a unidade dos apóstolos,
após a ascensão aos céus do Senhor Jesus.
Ó Maria, nós nos consagramos a vós,
para todo o sempre.

A NOSSA SENHORA MÃE DA MISERICÓRDIA

Ó Maria Imaculada, Mãe de misericórdia,
nós te pedimos de obter-nos de Deus,
com tua potente intercessão,
o triunfo da Igreja, a paz no mundo,
a conversão dos infiéis e dos pecadores;
ajuda e conforto aos pobres e aos órfãos,
aos doentes e aos agonizantes;
perseverança aos justos,
alívio às almas do Purgatório;
espírito de sacrifício aos religiosos,
ardente zelo aos sacerdotes.

Ampara-nos, ó Mãe santíssima,
sob o teu manto de misericórdia,
a fim de que todos possamos experimentar

os efeitos benéficos da tua proteção
e assim poder te agradecer no céu
por toda a eternidade. Amém.

— *Rogai por nós, Mãe de Misericórdia.*
— *Para que sejamos dignos das promessas de Cristo.*

A NOSSA SENHORA DOS REMÉDIOS

Ó Maria! Mãe da divina graça, vós que Deus estabeleceu como dispensadora de seus benefícios, obtendo-nos e a todos aqueles por quem invocamos, vossas graças especiais e vossos remédios salutares para todos os nossos males: aos justos, perseverança; às almas tristes, consolação; aos corações desanimados, coragem e confiança; aos enfermos, cura e saúde; aos pecadores, arrependimento e perdão; às almas do purgatório, alívio e livramento; enfim, a cada um de nós, as graças particulares mais especialmente o socorro de vossa bondade e de vosso poder.

Solicitamos, sobretudo, ó boa e divina mãe, vossa assistência na hora da nossa morte, a fim de que, neste derradeiro momento, possamos ser achados dignos de participar da glória de Jesus, vosso Divino Filho que, sendo Deus, vive e reina com o Pai, o Filho e o Espírito Santo, por todos os séculos dos séculos. Amém.

A NOSSA SENHORA DA ASSUNÇÃO I

Louvores a vós, Senhora nossa, porque fostes levada para o céu, em corpo e alma, terminado o tempo de vossa vida aqui na terra!

Louvores se elevem de todos os corações à vossa glorificação como Mãe de Cristo e Mãe da Igreja!

Louvores vos sejam dados pelos Anjos, que nos levaram, a mando de Deus, até o supremo trono da Rainha do Universo!

Vós sois as primícias da Igreja peregrina que, em vós, participa da Glória de Cristo Ressuscitado. Em vós, ó Mãe, estão todas as mães da terra, que geram e educam filhos para a Igreja. Em vós, todos os cristãos do mundo, que vivem o estado de graça na esperança da vida ressuscitada. Em vós, as numerosas virgens e todos os consagrados, que se oferecem a Deus na castidade, na pobreza e na obediência. Em vós, todos os Bispos, Padres e Diáconos, que em vosso nome alimentam e fortalecem a Igreja com a Palavra de Deus e os Sacramentos. Em vós, a infinidade de almas missionárias, que, em todos os recantos do mundo, evangelizam o povo que Cristo conquistou no alto da Cruz. Em vós, enfim, a Igreja toda, que caminha na Terra, cheia de esperança de que há de participar da Glória do Céu.

Olhai, benigna e amorosa, ó Senhora da Assunção, para nós que vos veneramos e amamos como Nossa Mãe e Rainha. Afastai de nós os perigos e ameaças do espírito do mal, obtendo-

-nos, copiosa, a graça do Divino Espírito, para que ilumine, fortaleça e guie a Igreja de vosso amado Filho.

Baixai vossos olhos, solícitos e misericor-diosos, sobre esta Paróquia de que sois a Padroeira. Uni as famílias, protegei a juventude e a infância, obtende-nos a pureza dos costumes e intensa caridade entre nós e para com todos. Afastai do nosso meio os vícios do alcoolismo, das drogas e da imoralidade. Afugentai o desemprego, fazei desabrochar entre nós o espírito de partilha e a paz social.

Tomai-nos pela mão e guiai-nos até a celeste morada, para convosco contemplarmos a Trindade Santíssima, Pai, Filho e Espírito Santo, por todos os séculos. Amém.

A NOSSA SENHORA DA ASSUNÇÃO II

Nossa Senhora do Ó, Virgem da Expectação, Mãe de Nosso Senhor Jesus Cristo e, por misericordiosa bondade de Deus, nossa Mãe amabilíssima e protetora celestial, eis-nos prostrados aos vossos pés. Pobres filhos de Eva sentimos o peso de nossas culpas, mas somos também filhos vossos, aos pés de tão boa e poderosa Mãe ousamos erguer confiadamente nossos olhos suplicantes, enquanto nossos lábios e nossos corações se abrem para cantar vossos louvores, proclamando bem alto os excelsos favores com que fostes mimoseada pela mão, sempre dadivosa, do Onipotente.

Particularmente, Senhora, nós vos louvamos por terdes sido escolhida entre mil para Mãe do Filho de Deus humanado; sobretudo (nesta novena) alegramo-nos convosco em vossa admirável Expectação e nos unimos aos sentimentos de gozo inefável, aos momentos de santa e recolhida oração com que vos preparastes para o Natal do Senhor, quando destes à luz do mundo o verdadeiro Sol de justiça, Cristo, nosso Deus e Salvador.

Por tão singular privilégio, nós vos suplicamos humildemente vos digneis de preparar nosso pobre coração para receber a Jesus Cristo, vosso Filho e nosso Redentor (no próximo Natal); por vós apresse ele sua vinda amorosa em nossas almas pela graça e reine perpetuamente em nossos corações, para que nós, que nos alegramos convosco nesta Festividade, gozemos no céu o fruto dessa mesma Redenção que nos trouxestes dado ao mundo seu misericordiosíssimo Salvador. Assim seja.

† Duarte, Arcebispo Metropolitano

A NOSSA SENHORA DA ASSUNÇÃO III

Maria,
com teu esposo José
tu te dirigiste ao templo.
Irias apresentar teu Filho, Jesus.
Alegremente, com teus pobres dons,
fizeste o ofertório de teu Jesus ao Pai
de todas as luzes.
E encontraste à porta do templo,
um ancião, cheio de anos e repleto
de esperança.
Ele arregalou os olhos,
contemplou o menino
e olhando para o alto
pediu que o Senhor o levasse
porque seus olhos tinham visto a salvação
prometida a todos os povos.
Ele dizia, Maria, que teu Filho era
a luz para iluminar as nações.
Será, Maria da Luz e Maria da Candelária,
que compreendeste as palavras que o ancião
te dirigiu?
Uma espada de dor haveria de traspassar
teu imaculado e delicado coração.
Mais tarde, bem mais tarde,
quando estiveste ao pé da cruz,
haverias de sentir o gládio da dor
penetrar dolorosamente teu peito,
Maria da Luz e Maria da Candelária.

A SÃO MIGUEL ARCANJO

Ó glorioso São Miguel Arcanjo, vós a quem o Senhor entregou a guarda da sua Igreja, e que constantemente velais sobre ela, dignai-vos ouvir as nossas preces em seu favor. Vede, ó celeste Arcanjo, que o dragão, outrora vencido por vós, conquanto saiba que jamais a poderá vencer, procura a todo custo combatê-la e persegui-la, ora espalhando o espírito de soberba entre os seus filhos, ora iludindo e enganando os fracos com falsas doutrinas, ora dirigindo todo o furor dos ímpios contra o seu chefe visível na terra.

Ah! Socorrei-a, excelso Padroeiro seu e, precipitando novamente no abismo o dragão infernal, alcançai que a santa Igreja triunfe gloriosamente e se torne cada dia mais rica de filhos santos e de impávidos defensores.

Vede também, ó santo Arcanjo, que possuís a ventura de gozar do Senhor sem que jamais vos perturbe o temor de perdê-lo, de quantos perigos estamos rodeados, quantos inimigos se empenham na nossa perdição; auxiliai-nos com a vossa proteção nos combates desta vida e principalmente no momento temeroso em que teremos de comparecer perante o Juiz Supremo. Ah! Valha-nos então o vosso patrocínio, para que, livres das chamas do inferno e soltos quanto antes da prisão do Purgatório, vamos gozar convosco no céu a inefável ventura de ver a Deus e possuí-lo eternamente. Assim seja.

A SÃO BRÁS
Invocado contra as doenças da garganta

Ó bem-aventurado São Brás, que recebestes de Deus o poder de proteger os homens contra as doenças da garganta e outros males, afastai de mim a doença que me aflige, conservai a minha garganta sã e perfeita para que eu possa falar corretamente e assim proclamar e cantar os louvores de Deus.

Eu vos prometo, São Brás, que a fala que sair da minha garganta será sempre:

de verdade e não de mentira;
de justiça e não de calúnias;
de bondade e não de aspereza;
de compreensão e não de intransigência;
de perdão e não de condenação;
de desculpa e não de acusação;
de respeito e não de desacato;
de conciliação e não de intriga;
de calma e não de irritação;
de desapego e não de egoísmo;
de edificação e não de escândalo;
de ânimo e não de derrotismo;
de conformidade e não de lamúrias;
de amor e não de ódio;
de alegria e não de tristeza;
de fé e não de descrença;
de esperança e não de desespero.

São Brás, conservai minha garganta livre das doenças, para que minhas palavras possam louvar a Deus, meu criador, e agradecer a vós, meu protetor. Amém.

A SÃO COSME E SÃO DAMIÃO
Padroeiros dos médicos e farmacêuticos e protetores das crianças

São Cosme e São Damião, que por amor a Deus e ao próximo vos dedicastes à cura do corpo e da alma de vossos semelhantes, abençoai os médicos e farmacêuticos, medicai o meu corpo na doença e fortalecei a minha alma contra a superstição e todas as práticas do mal. Que vossa inocência e simplicidade acompanhem e protejam todas as nossas crianças. Que a alegria da consciência tranqüila que sempre vos acompanhou repouse também em meu coração. Que vossa proteção, Cosme e Damião, conserve meu coração simples e sincero, para que sirvam também para mim as palavras de Jesus: "Deixai vir a mim os pequeninos, porque deles é o Reino do céu". São Cosme e São Damião, rogai por nós. Amém.

Os santos Cosme e Damião eram irmãos gêmeos e médicos. Nascidos na Arábia, exerceram sua profissão na Síria, morreram martirizados durante a perseguição de Diocleciano. Por causa de sua simplicidade e inocência são invocados também como protetores das crianças. Curavam não apenas as pessoas, mas também os animais.

A SANTA RITA DE CÁSSIA PARA MOMENTOS DE DESESPERO

Invocada em casos impossíveis e desesperados

Ó poderosa Santa Rita, chamada Santa do impossível, advogada primeira dos casos desesperados, auxílio no último momento da vida, consolo na dor e íris de esperança nas terríveis provas que nos arrastam às margens do desespero e do delito; confiando inteiramente em vosso poder, recorro a vós neste caso desesperado que, inesperadamente, abateu-se sobre meu agoniado coração.

Dizei, amada santa, não quereis ajudar-me nesta circunstância tão difícil? Negar-me-eis o consolo neste momento? Será possível que tirastes de mim vosso olhar e que vossa piedade não se compadeça de um coração tão provado pela dor? Vós sabeis muito bem, conheceis perfeitamente o que quer dizer um martírio do coração. Muito amada Santa, pelas atrozes dores que vós sofrestes, pelas amargas lágrimas que derramastes, ó, vinde em minha ajuda, socorrei-me. Rogai, intercedei e insisti por mim ante o coração de Deus, Pai de misericórdia e fonte de toda consolação. Alcançai-me a graça que ardorosamente desejo, e que, acreditando para mim necessária, peço com tanto fervor. Amém.

Vós, que tão estimada sois por Deus, apresentai a minha súplica ante o seu divino trono: seguramente sereis atendida. Dizei ao Senhor que me servirei da graça para melhorar minha vida e meus costumes e para cantar no céu e na terra Suas divinas misericórdias. Amém.

Rezar três vezes: Pai-nosso, Ave-Maria e Glória ao Pai.

POR INTERCESSÃO DE SANTA TERESA DE ÁVILA

Ó Santíssima Trindade, ó Pai, ó Filho, ó Espírito Santo, nós vos adoramos, nós vos louvamos e agradecemos porque nos destes Santa Teresa de Jesus como mestra da verdadeira oração.

Ela nos ensina a orar conversando convosco, que sois nosso Pai, o nosso Irmão e o nosso Amigo.

Queremos rezar com toda a fé e confiança do nosso coração, sem nunca duvidar de vossa bondade e de vosso amor; queremos rezar com inteira conformidade com a vossa amorosíssima vontade; queremos rezar com firme perseverança, até alcançar tudo aquilo que desejamos obter de vós.

Por intercessão de Santa Teresa, ajudai-nos a ser fiéis à nossa oração da manhã e da noite e a transformar em oração tudo o que fizemos no cumprimento de nossos deveres.

Que a oração seja para nós o que foi para Santa Teresa: seja ela para nós a porta de nossa conversão, o alimento e a força de nossa alma e a chave de ouro que nos abrirá a porta do céu, onde estaremos sempre convosco, gozando a verdadeira e eterna felicidade. Amém.

Folheto: Carmelo de Santa Teresa, Itajaí-SC

PRECE DE CURA E PROTEÇÃO

Deus Pai todo-poderoso, criador do céu e da terra, que destes ao vosso Filho, Jesus Cristo, um poder infinito sobre todas as forças que existem no Universo e na Terra, perdoai todos os nossos erros e pecados, livrai-nos dos nossos sofrimentos, de cair em tentação, das angústias, desânimos e desesperos, e tirai a confusão de nossas cabeças.

Pedimos também para afastar de nossa casa, da casa de nossos parentes e vizinhos, toda inveja e falsidade, e preservá-las de incêndios, arrombamentos e roubos.

Em vossa infinita bondade, permiti que o nosso Anjo da guarda vigie durante a noite para que tenhamos um sono tranquilo e reparador.

Rezar Pai-nosso, Ave-Maria e Glória ao Pai.

Deus, infinitamente bom, nós vos pedimos que impeçais toda a ação diabólica do espírito maligno contra as nossas famílias. Extirpai para longe de nós o medo, as heresias, as drogas, a loucura, os espíritos de blasfêmia. Livrai o nosso Brasil do flagelo da inflação, conseqüência terrível de nossos pecados.

Em vossa infinita bondade e misericórdia, pela vossa palavra podeis curar todas as enfermidades; pelo vosso poder, dai saúde às pessoas que vos recomendamos... (dizer o nome).

Tende compaixão delas, restituí-lhes a saúde, a coragem, a tranquilidade e o gosto de viver, para que possamos dar-vos graças com a alma transbordante de paz e alegria. Por Jesus Cristo, no amor do Espírito Santo. Amém.

ORAÇÃO DO APÓSTOLO LEIGO

Nós,/ homens deste século,/ leigos do povo de Deus,/ católicos,/ desejosos de sermos filhos diligentes e fiéis/ e irmãos em vossa Santa Igreja,/ voltemo-nos para vós/ Jesus Cristo/ nosso Senhor,/ Mestre Salvador da Humanidade,/ como para a luz do Mundo,/ e/ por vós iluminados/ vos pedimos,/ nos façais compreender/ esse esplendor que é vosso/ e brilha sobre nós/ como uma vocação.

Vocação para vos seguir,/ para ouvir a vossa palavra,/ convosco comungar,/ porque vós,/ ó Cristo,/ sois o caminho/ a verdade/ e a vida./ Fazei, Senhor,/ que jamais deixemos de corresponder/ ao chamado Revelador/ que é vosso Evangelho,/ segredo/ força/ e alegria/ de nosso verdadeiro destino.

Fazei, Senhor,/ que compreendamos/ a dignidade e as exigências/ de nossa vida Cristã,/ ao mesmo tempo simples/ e misteriosa./ Fazei, Senhor,/ que nós,/ discípulos e seguidores vossos,/ nos submetamos/ livre e docilmente/ ao mistério da unidade/ que é vossa Igreja,/ que vive em vossa verdade/ e em nossa caridade./ Fazei,

Senhor,/ que vosso Espírito/ conforme e transforme a nossa vida/ e nos dê a alegria da verdadeira fraternidade,/ a virtude do serviço generoso,/ o ardente desejo do apostolado. Fazei, Senhor,/ que o nosso amor/ para com todos os nossos irmãos em Cristo/ seja cada vez mais/ ardente e eficaz,/ a fim de que/ com eles possamos colaborar/ sempre mais intensamente/ na edificação do Reino de Deus.

Fazei, ainda, Senhor,/ que saibamos melhor unir os nossos esforços/ com todos os homens de boa vontade,/ para/ plenamente realizarmos o bem da humanidade,/ na verdade,/ na liberdade,/ na justiça/ e no amor./ Assim vos rogamos,/ ó Cristo,/ vós que sois Deus/ e, com o Pai/ e o Espírito Santo,/ viveis e reinais/ pelos séculos dos séculos. Amém.

ORAÇÃO PELOS QUE VIAJAM DE AVIÃO

Senhor, nosso Deus,
que "caminhais sobre as asas do vento",
cuja glória é narrada pelos céus,
nós vos bendizemos e vos glorificamos
por todas as vossas obras,
porque na vossa infinita sabedoria
confiastes ao homem a incumbência
de realizar coisas grandes e belas.
Ouvi a prece que vos fazemos
por intercessão

de Nossa Senhora de Loreto.
Que os aviões, que sulcam os céus,
propaguem por toda parte
o louvor de vosso nome
e sirvam aos homens para resolverem
mais velozmente sua atividade laboriosa.
Com vossa bênção,
pilotos e técnicos, auxiliares de voo,
ajam com habilidade e prudência
a fim de que todos que viajam de avião,
vencido todo perigo,
cheguem felizes à meta que os espera.
Por Cristo, nosso Senhor. Amém.

Oração composta e recitada por João Paulo II na sua romaria a Loreto no dia 8 de setembro de 1979

ORAÇÃO PARA PEDIR A BÊNÇÃO DE MARIA PARA SUA CASA

Ó Senhora da Conceição Aparecida, nossa Rainha e bondosa Mãe, abençoai esta nossa casa, amparai nossa família e livrai todos os que aqui habitam de todos os males, das doenças, dos acidentes, de todos os perigos que possam afligir o nosso corpo e a nossa alma. Fazei reinar a concórdia, a união, o respeito. Ao vosso Coração Imaculado consagramos nossa família. Seja esta casa como a casa de Nazaré, um lugar de paz, alegria e felicidade. Todos aqui cumpram a vontade de Deus, pela oração diária e leitura da Palavra do Senhor, pela Missa de cada domingo e por uma vida de amor e caridade.

Ó Virgem Maria, Senhora nossa, fazei com que um dia este lar, que na terra a vós pertence, seja reconstituído no céu, onde será nossa eterna morada. Protegei-nos, guardai-nos, salvai-nos! Amém.

ORAÇÃO DE NATAL

Senhor, nesta Noite Santa, depositamos diante de tua manjedoura todos os sonhos, todas as lágrimas e esperanças contidos em nossos corações.

Pedimos por aqueles que choram sem ter quem lhes enxugue uma lágrima.

Por aqueles que gemem sem ter quem escute seu clamor. Suplicamos por aqueles que te buscam sem saber ao certo onde te encontrar.

Por tantos que gritam paz, quando nada mais podem gritar.

Abençoa, Jesus Menino, cada pessoa do planeta Terra, colocando em seu coração um pouco da luz eterna que vieste acender na noite escura de nossa fé.

Fica conosco, Senhor! Assim seja!

Pe. Sérgio J. de Souza

NO ANIVERSÁRIO DO BATISMO

Pai, fonte de toda vida,
quando fui batizado
era uma criança sem consciência.
Agora, porém, sei da grandeza do dom
que me deste:
tu me enxertaste em Cristo, teu Filho,
mergulhando-me na sua morte e ressurreição,
e me fizeste renascer teu filho,
pela água e pelo espírito.
Obrigado, ó Pai!

Penso na unção real que me consagrou,
e me tornou, como Cristo, sacerdote,
rei e profeta.
A veste branca que eu vesti
me chama de novo à tarefa de ser
um homem novo, revestido de Cristo,
para viver em justiça, em santidade e verdade.
A vela recebida me pede, ainda hoje,
disponibilidade para acolher a luz de Cristo,
a fim de que a minha vida
seja guiada pela fé, protegida pela esperança,
alimentada pela caridade.

Tu me inseriste na tua Igreja,
comunidade de salvação,
como membro ativo e responsável;
deste-me um futuro e uma esperança
na fé e no amor.

Infelizmente vejo, ó Pai,
minhas muitas faltas e infidelidades
ao teu plano de amor.
Eu te peço perdão.
O sopro do Espírito de Cristo
move-me ainda hoje,
solicitando-me à conversão:
ajuda-me, eu te peço,
a ser coerente com meu Batismo;
conserva em mim a fé da Igreja
para que viva sempre,
a exemplo de Jesus,
no amor por ti e pelos irmãos.

ANTES DE UMA VIAGEM I

Senhor, eu saio a caminho pelas estradas do mundo e tu me acompanhas. O teu santo anjo me defenda de todo perigo e me conduza ao objetivo.

Ajuda-me a conhecer e a apreciar todas as coisas belas que criaste; faz que eu aprenda a cantar a tua glória que resplandece na criação e através das obras que o engenho do homem produziu ao longo dos séculos.

Ensina-me a louvar-te reconhecendo no mundo, onde quer que estejam, os sinais do teu amor.

ANTES DE UMA VIAGEM II

Um outro ano da minha vida passou: graças, Senhor, por mo teres doado.

Tudo aquilo que aconteceu é um dom do teu amor, mesmo se eu não sei entendê-lo plenamente.

Desculpa, Senhor, se deixei passar o tempo sem muita animação e não me empenhei para fazer sempre o bem.

Ajuda-me a encher de bondade o ano novo que está para começar e faz que utilize o tempo que tu me dás como a grande ocasião, talvez a única para dar-te o meu amor.

PARA A FESTA DE ANIVERSÁRIO

Hoje eu sou maior, Senhor, por isso estou alegre.

Eu explodo do desejo de ir ao encontro da vida, a grande aventura.

Eu dou graças a ti, Senhor, que me conduziste pela mão e me revestiste de ternura todos os dias da minha existência.

Graças também por tantos que estiveram próximos de mim, como sinal do teu amor.

Senhor, eu te peço para que eu possa me tornar grande de verdade, não só nos anos.

Escancara a porta do meu coração.

Não permitas que eu me deixe vencer pelo mal; faz que eu cresça sempre mais no bem, para poder difundir onde quer que seja o perfume da tua bondade.

ORAÇÃO PELAS VOCAÇÕES I

Virgem Maria, humilde filha do Altíssimo, em ti se cumpriu de modo admirável o mistério do divino chamado.

Tu és a figura daquilo que Deus realiza em quem nele confia; em ti a liberdade do Criador exaltou a criatura humana.

Aquele que nasceu do teu seio uniu, num único valor, a liberdade salvífica de Deus e a adesão obediente do homem.

Graças a ti, o chamado de Deus se solda definitivamente com a resposta do homem-Deus.

Tu, primícias de uma vida nova, guardas por todos nós o "Sim" generoso da alegria e do amor.

Santa Maria, Mãe de todo chamado, faze com que os fiéis tenham a força de responder com generosa coragem ao apelo divino, e sejam alegres testemunhas do amor a Deus e ao próximo. Jovem filha de Sião, Estrela da manhã que guias os passos da humanidade através do Grande Jubileu, na direção do futuro, orienta a juventude do novo milênio para aquele que é "a verdadeira luz que ilumina todo homem" (Jo 1,9). Amém.

Papa João Paulo II

ORAÇÃO PELAS VOCAÇÕES II

Ó Deus, que não queres a morte do pecador e sim que se converta e viva, nós te suplicamos, pela intercessão da bem-aventurada sempre Virgem Maria, de São José, seu esposo, do Beato Junípero Serra e de todos os Santos, que nos concedas um maior número de operários para tua Igreja, que, trabalhando com Cristo, se dediquem e se sacrifiquem pelas almas. Por Jesus Cristo, na unidade do Espírito Santo. Amém.

ORAÇÃO DEPOIS DA CONFISSÃO I

Senhor Deus,
Faze-nos tolerantes,
dá-nos o espírito do perdão.
Afasta toda maldade do nosso coração,
para dar lugar ao amor misericordioso.
Concede-nos
que perdoemos uns aos outros,
assim como tu perdoaste os nossos erros.
Dá que o amor seja o vínculo
que nos une
e que é mais forte
do que qualquer decepção,
falha ou erro.
Venha sobre nós a tua paz.
Dá-nos a tua graça.
Perdoa sempre a nossa culpa.
Concede sempre novas possibilidades

para sermos o teu povo,
teus filhos verdadeiros.
Que os nossos lábios te agradeçam
pois é um Deus bom,
que em nós confia
apesar de tudo.
Por isso te agradecemos,
porque para ti valemos mais
do que as nossas faltas e nossa fraqueza.
Tu nos amas e usas as nossas faltas
para fazer algo bom:
a purificação do teu povo de homens. Amém.

Adriano Backx

ORAÇÃO DEPOIS DA CONFISSÃO II

Mil graças vos sejam dadas, meu Jesus, pela vossa infinita misericórdia!

Fortalecei, Senhor, a minha vontade para que nunca vacile ou fraqueje ao enfrentar as futuras inevitáveis lutas e tentações. Amparai-me com a vossa graça para que saiba renunciar ao pecado e servir unicamente a vós.

Virgem Santíssima, ajudai-me a perseverar na graça de Deus, no amor a vosso Filho Jesus. Assim seja.

ORAÇÃO DEPOIS DA COMUNHÃO

Senhor, eu sei que tu me amas: e isto me basta.
Sei que tu me salvas: e isto me dá alegria.
Sei que tu podes tudo: e isto me conforta.
Sei que tu sabes tudo: a ti confio a minha vida.

Eu te amo, Senhor, mas o meu coração
é inconstante:
só o teu amor é fiel.
Eu te amo, mas facilmente me esqueço de ti:
só a tua presença é segura.

Nos dias de solidão: tu és meu amigo.
Nas horas de desânimo: tu me acolhes.
Em todo instante da minha vida:
o teu amor vela por mim.

Se o passado me entristece: tu és o perdão.
Se o futuro me inquieta: tu és a rocha
da fidelidade.
Tu habitas em mim, Senhor:
quero amar-te e viver por ti.

ORAÇÃO DA MANHÃ

Meu Deus,
eu lhe ofereço
todo este meu dia.
Ofereço ao Senhor
os meus trabalhos
e os meus brinquedos.
Tome conta de mim
para que eu
não faça nada
que o aborreça.

Fl. Castro

ANTES DE COMER

Meu Deus,
abençoe
esta comida
que temos.
Nós lhe agradecemos.
Faça que haja
mais justiça,
mais bondade
e todos tenham
o que comer.

Fl. Castro

DEPOIS DE COMER

Meu Deus,
abençoe todos
que trabalharam
para eu ter o que comer.
Ajude-me
a fazer sempre
o bem para todos.

Fl. Castro

ORAÇÃO DA NOITE I

Meu Deus,
eu agradeço este dia.
Agradeço pelo bem
que os outros me fizeram e
pelo bem que eu pude fazer.
Peço perdão pelo que
não fiz direito.
Amanhã, com sua ajuda,
quero ser melhor.

Fl. Castro

ORAÇÃO DA NOITE II

Agora tudo está quieto.
É tempo de descansar.
Meu Deus, enquanto durmo
olhe o meu sono
e olhe por mim.
Olhe também
por todas as crianças,
principalmente por aquelas
que não têm um papai,
ou uma mamãe,
nem casa para morar.

Fl. Castro

EU TE AMO, SENHOR

Meu Deus,
eu amo o Senhor.
Para mim, o Senhor
é o mais importante.
Aumente o meu amor
para que o Senhor seja
cada vez
mais importante para mim.
Com o amor
que o Senhor me deu,
eu amo também
todas as pessoas.

Fl. Castro

SÚPLICA AO ESPÍRITO SANTO

Espírito Santo,
fique sempre
em meu coração.
Ilumine sempre
a minha vida,
para que eu possa
conhecer o que é bom
e fugir do que é mau.
Ponha
no meu coração
um amor
cada vez maior.

Fl. Castro

ORAÇÃO DE AGRADECIMENTO

Papai do céu,
eu quero agradecer:
* pela Mãezinha que o Senhor me deu,
* pelo Paizinho que tenho,
* pelos irmãozinhos e pelos amigos,

(vá lembrando as pessoas de quem você mais gosta...)

* pelas estrelas do céu,
* pelas flores tão bonitas,
* pelas frutas tão gostosas.

(O que mais você gostaria de agradecer a Deus?)

* Por tudo de bom que o Senhor me deu,
Papai do céu,
eu lhe agradeço!

Fl. Castro

ORAÇÃO DO ARREPENDIMENTO

Meu Pai do céu,
eu andei errando,
andei brigando.
Não faço
as coisas direito...

(O que foi mesmo que você andou fazendo de errado?)

Mas, no fundo,
eu não gosto de fazer
as coisas erradas.

Por isso
eu peço perdão
e vou fazer força
para não errar de novo,
mas
fazer tudo
bem certo.

Fl. Castro

ORAÇÃO PARA SE COMPORTAR BEM

Jesus,
eu quero me comportar
bem hoje.
Não quero
deixar ninguém triste.

Por isso,
ajude-me
a andar direito
e agradar
a Deus e
a todos.

Fl. Castro

ORAÇÃO ANTES DE IR PARA A ESCOLA

Jesus,
eu vou para a escola,
como o Senhor também foi.
Que nada me aconteça no caminho.
Quero aproveitar bem as aulas.
Quero aprender bastante.
Não se esqueça das crianças
que não têm escola,
e abençoe
os professores e
as professoras.

Fl. Castro

ORAÇÃO ANTES DE UMA PROVA

Jesus,
hoje vou ter provas na escola.
Eu estudei bastante,
mas posso perder
a calma e esquecer
tudo.
Que o Espírito Santo
me ajude
para eu me sair bem
em tudo.
Ajude também
meus colegas e
minhas colegas.

Fl. Castro

ORAÇÃO AO SAIR DA ESCOLA

Jesus, agradeço
mais este dia de aula.
Foi bom. Eu estudei,
trabalhei e
brinquei bastante.
Agora me acompanhe
até minha casa.

Fl. Castro

REZANDO COM MARIA

Maria
Mãe de Jesus e
minha Mãe:
eu quero
amar sempre a Senhora.
Peço para ser sempre
a minha Mãe,
eu quero ser sempre
da Senhora.
Mãezinha do céu,
olhe sempre por mim,
por meus pais,
por meus irmãos.
E ajude a todos.

Fl. Castro

PORQUE TE AMO

Jesus, na cruz, tu me apertaste ao coração.
Nela suportaste os cravos,
o golpe da lança,
o cúmulo da vergonha,
das dores sem conta,
o suor, a angústia e a morte:
tudo isso por mim.
Como, então, ó Jesus amantíssimo,
não te amar com amor desinteressado,
esquecendo-me do céu e do inferno,
não para ser recompensado,
mas simplesmente porque tu me amaste?
É assim que eu te amo,
é assim que te amarei:
unicamente porque és meu Rei,
unicamente porque és meu Deus.

Francisco Xavier (1506-1552)

COLOCADO NO SEPULCRO

O sepulcro onde o Cristo que morreu,
tendo sofrido, é colocado,
o buraco, para que ele durma a sua noite,
às pressas destapado,
não é apenas esse túmulo novo
que José de Arimateia ofereceu.
Esse sepulcro é minha carne, meu corpo,
esse sepulcro sou eu!

Esse sepulcro é o homem, vossa criatura,
mais profundo que a terra!
Agora tendes as mãos furadas
e o coração aberto,
não há mais cruz em nós
em que vosso corpo não dê certo,
não há mais pecado em nós
em que o vosso corpo não dê certo,
não há mais pecado em nós,
sem chaga que corresponda!
Vinde, pois,
do altar em que estais escondido, até nós,
ó Salvador do mundo!
Como é aberta a vossa criatura,
como o seu coração é profundo!

Paul Claudel (1868-1955)

ROSÁRIO DAS LÁGRIMAS DE SANGUE

Jesus Crucificado! Ajoelhados aos vossos pés, nós vos oferecemos as lágrimas de sangue daquela que vos acompanhou no vosso caminho sofredor da cruz, com intenso amor participante.

Fazei, ó bom Mestre, que apreciemos as lições que nos dão as lágrimas de sangue de vossa Mãe santíssima, a fim de que cumpramos a vossa santíssima vontade aqui na terra, de tal modo que sejamos dignos de louvar-vos no céu por toda a eternidade. Amém.

Rezar: "Ó Jesus, olhai para as lágrimas de sangue daquela que mais vos amou no mundo e vos ama mais intensamente no céu".

Rezar sete vezes: "Ó Jesus, atendei as nossas súplicas: Em virtude das lágrimas de sangue da nossa Mãe Santíssima".

AO PRECIOSÍSSIMO SANGUE

Pelas gotas de sangue derramadas na agonia do Getsêmani

Tende piedade de nós, Senhor. – (3x) Glória ao Pai...

Pelo sangue derramado na coroação de espinhos

Tende piedade de nós, Senhor. – (3x) Glória ao Pai...

Pelo sangue derramado durante a flagelação

Tende piedade de nós, Senhor. – (3x) Glória ao Pai...

Pelo sangue derramado quando amarraram vossas mãos

Tende piedade de nós, Senhor. – (3x) Glória ao Pai...

Pelo sangue derramado quando amarraram vossos pés

Tende piedade de nós, Senhor. – (3x) Glória ao Pai...

Pelo sangue derramado pelo golpe da lança em vosso lado

Tende piedade de nós, Senhor. – (3x) Glória ao Pai...

V. Aceitai, Senhor, todos os meus sofrimentos

R. Em união com os imensos sofrimentos de vossa Paixão.

Oremos: Ó Pai, Deus onipotente e misericordioso, que pelo Sangue precioso de vosso Filho único remistes o mundo, renovai a efusão redentora do seu Sangue por nós e por toda a humanidade, para que sempre consigamos abundantes frutos de vida eterna. Por Cristo, nosso Senhor. Amém.

O MUNDO NO CORAÇÃO DE CRISTO GLORIOSO

Jesus, ouvi o desejo de todo o meu ser, e atraí-me até as dobras mais íntimas do centro de vosso coração. Ensinai ao meu coração a pureza verdadeira, aquela que é impulso através de todas as belezas.

Revelai-lhe a caridade verdadeira, aquela que é a vontade vigorosa de forçar, todos juntos, as portas da vida; dai-lhe, enfim, sobretudo uma visão crescente de vossa onipresença, a fim de penetrar cada vez mais em vós.

Ó Cristo Jesus, carregais verdadeiramente em vossa humanidade toda a implacável grandeza do mundo. Eu vos amo, Jesus, pela multidão que se abriga dentro de nós, e que ouço, com todos os outros seres, falar, rezar, chorar, quando me junto a vós. Eu vos amo como a fonte, o meio ativo e vivificante, o termo e a solução do mundo, mesmo natural, e o seu futuro. Eu vos amo pelos prolongamentos de vosso corpo e de vossa alma, em toda a criação, pela graça, pela vida, pela matéria.

Jesus, doce como um coração, ardente como uma força, íntimo como uma vida. Jesus, em quem posso me fundir, com quem devo dominar e me libertar. Sois vós, que os homens, meus irmãos, até os que não creem, sentem e procuram, através da magia do grande Cosmo. Jesus, centro para onde tudo se dirige, dignai-vos dar a todos um lugar entre as moléculas escolhidas e santas, que, desprendidas, uma a uma, do caos atual, por vossa solicitude se agreguem, lentamente, em vós, na unidade da nova terra.

Pierre Teilhard de Chardin (1881-1955)

SÚPLICA AO CORAÇÃO DE JESUS

Ó Jesus Cristo, vós sois adorado no céu e na terra, em todo o tempo e a toda hora. Sois a paciência, a compaixão e a própria misericórdia. Amais os justos, tende piedade dos pecadores, chamais todos os homens à salvação e lhes prometeis os bens futuros. Acolhei as nossas orações deste dia e conformai nossa vida à vossa vontade. Santificai nossas almas e nossos corpos, purificai nossos pensamentos e tornai-nos vitoriosos sobre as provações e tristezas. Protegei-nos e abençoai-nos, para que cheguemos à unidade da fé e ao conhecimento de vossa glória. Vós que sois Deus, com o Pai, na unidade do Espírito Santo. Amém.

CONSAGRAÇÃO DO APOSTOLADO DA ORAÇÃO

Ó Coração de Jesus, meu Salvador, depois de ter derramado na cruz o vosso Sangue até a última gota, vos ofereceis todos os dias na Santa Missa. Eis-me prostrado diante de vós, desejando ardentemente corresponder aos apelos de vossa imensa caridade.

Como membro do Apostolado da Oração, prometo empregar todos os esforços para que o Apostolado floresça, a fim de que o vosso Reino seja ampliado nas comunidades, nas famílias e nos corações de todos. Eu vos peço que me concedais força e constância para cumprir fielmente este meu propósito. Amém.

CONSAGRAÇÃO AO SAGRADO CORAÇÃO DE JESUS

Eu me dou e consagro ao Sagrado Coração de nosso Senhor Jesus Cristo: minha pessoa e minha vida, minhas ações, meus trabalhos e meus sofrimentos, a fim de no futuro empregar tudo quanto sou e tenho, unicamente para sua honra, amor e glória. É minha resolução irrevogável ser inteiramente dele e fazer tudo por seu amor, renunciando de todo meu coração a tudo que lhe puder desagradar.

Portanto, ó Coração Sagrado, eu vos escolho para objeto de meu amor, para protetor de minha vida, penhor de minha salvação, amparo de minha fragilidade e inconstância, reparação de todas as faltas de minha vida e asilo seguro na hora de minha morte. Coração de ternura e bondade! Sede vós minha justificação diante de Deus vosso Pai. Coração de amor! Em vós ponho toda a minha confiança; de minha fraqueza e maldade tudo temo, mas da vossa bondade tudo espero. Consumi, pois, em mim, tudo o que puder desagradar-vos ou se opor a vós. Imprimi o vosso puro amor tão firmemente no meu coração, que nunca mais vos possa esquecer nem nunca possa de vós me separar. Coração Sagrado, conjuro-vos, por toda a vossa bondade, que o meu nome seja profundamente gravado em vós; pois quero que toda a minha felicidade e glória sejam: viver e morrer no vosso serviço. Amém.

Santa Margarida Maria Alacoque

CONSAGRAÇÃO DAS FAMÍLIAS AO CORAÇÃO DE JESUS

Divino Coração de Jesus, eis-nos aqui prostrados diante de vós cheios de sentimentos da mais viva gratidão por todos os vossos benefícios e com o mais ardente amor pela vossa inefável bondade.

Nós vos consagramos, ó Rei divino, por intermédio do Coração Imaculado de Maria e sob o poderoso patrocínio de São José, toda a nossa família. Seja o nosso lar como o de Nazaré a morada inviolável da honra, da fé, da caridade, do trabalho, da oração, da ordem e da paz doméstica. Sede vós mesmo a regra suprema de todas as nossas ações e o solícito protetor de todos nos nossos interesses.

Nós vos consagramos, ó divino Mestre, todas as provações, alegrias, vicissitudes da nossa vida doméstica; e vos suplicamos que derrameis sobre todos os membros de nossa família, quer ausentes, quer presentes, vivos ou defuntos, as vossas mais preciosas bênçãos; confiamo-los todos agora e sempre à tutela do vosso divino Coração.

Nós vos rogamos também por todas as famílias do universo; protegei o berço dos recém-nascidos, a escola dos meninos, a vocação dos jovens; sede o conforto dos enfermos, o arrimo dos velhos, o amparo das viúvas, o pai dos órfãos; velai vós mesmo com amor em cada morada, à cabeceira dos doentes e agonizantes.

Mas, ó Jesus, oceano de misericórdia e de amor, nós vos pedimos que nos socorrais sobretudo na hora de nossa morte; apertai-nos então mais do que nunca ao vosso divino Coração de modo que ele seja o nosso asilo, o nosso refúgio, o leito do nosso descanso e, assim, depois de ter cada um de nós adormecido, ó Jesus, em vosso bendito peito encontremos no céu toda a família no vosso Coração sagrado. Assim seja.

ORAÇÃO PELA SANTA IGREJA

Santa Maria,
socorrei os pobres,
ajudai os fracos,
consolai os tristes,
rogai pela Igreja,
protegei o clero,
ajudai-nos todos.
Sede nossa salvação!

Santa Maria,
sois a Mãe dos homens,
sois a Mãe de Cristo,
que nos fez irmãos,
rogai pela Igreja,
pela humanidade,
e fazei que enfim
tenhamos paz e salvação!

PELA IGREJA DO BRASIL

Ó Mãe, fazei que esta Igreja, a exemplo de Cristo, servindo constantemente ao homem, seja a defensora de todos, em particular dos pobres e necessitados, dos socialmente marginalizados e espoliados. Fazei que a Igreja do Brasil esteja sempre a serviço da justiça entre os homens e contribua ao mesmo tempo para o bem comum de todos e para a paz social.

Ó Mãe, abri os corações dos homens, e dai a todos a compreensão de que, somente no espírito do Evangelho e seguindo o mandamento do amor e as bem-aventuranças do sermão da montanha, será possível construir um mundo mais humano, no qual será valorizada verdadeiramente a dignidade de todos os homens.

Ó Mãe, concedei à Igreja do Brasil numerosas vocações sacerdotais e religiosas. Acolhei em vosso coração todas as famílias brasileiras. Acolhei os adultos e os anciãos, os jovens e as crianças. Acolhei os trabalhadores do campo e da indústria, os intelectuais das escolas e universidades, os funcionários de todas as instituições.

Não cesseis, ó Virgem Aparecida, pela vossa mesma presença, de manifestar nesta terra que o amor é mais forte do que a morte, mais poderoso que o pecado. Não cesseis de mostrar-nos Deus, que amou tanto o mundo, a ponto de entregar o seu Filho Unigênito, para que nenhum de nós pereça, mas tenha a vida eterna. Amém.

João Paulo II

PELO SANTO PADRE

Deus onipotente e eterno, tende piedade de vosso servo, nosso Papa (...) Conduzi-o, segundo vossa bondade, pelo caminho da salvação eterna, para que, por vossa graça, ele deseje o que vos agrada, e o execute com todo coração. Por nosso Senhor Jesus Cristo. Amém.

Liturgia romana

PELA IGREJA PADECENTE

Senhor, inclinai vossos ouvidos às nossas orações, com as quais, suplicantes, imploramos a vossa misericórdia, para que coloqueis na terra da paz e da luz as almas de vossos servos, que desejastes emigrassem deste mundo, fazendo-as consortes de vossos Santos.

Absolvei, Senhor, os nossos entes queridos de todo laço de culpa, para que ressuscitem e respirem na glória da ressurreição entre os vossos santos e eleitos. Recebei, ó Deus, as nossas preces pelas almas de vossos fiéis, para que sejam lavados, pela misericórdia de vosso perdão, das manchas que contraíram nos contatos terrenos.

Ó Deus, para quem é próprio ter misericórdia e perdoar, sede propício às almas de vossos servos, e apagai os seu pecados. Desse modo, livres dos laços da mortalidade, mereçam entrar na vida.

Liturgia romana

HINO À SABEDORIA

Tudo regulaste,
com número, peso e medida,
pois teu grande poder está sempre a teu serviço.
O mundo inteiro está diante de ti,
como um grão de pó,
como o orvalho da manhã,
que desce ao solo.
Tens compaixão de todos,
fechas teus olhos sobre os pecados dos homens,
para que se arrependam.
Sim,
amas a todos os seres,
não odeias nada do que fizeste,
se o detestasses não o terias feito.

Como subsistiria algo sem que tu o quisesses?
Como conservaria a existência, se não o chamasses?
Mas poupas a todos,
porque todos te pertencem.
Tu, que és amigo das almas,
teu sopro imperecível está em tudo.
Castigas moderadamente os que se desviam,
tu os repreendes e avisas
para que se afastem do mal
e creiam em ti, Senhor.
Tua sabedoria é um Espírito que ama os homens,
investiga suas entranhas,
escruta seu coração.

Sabedoria 11,20-26; 12,1-2

ORAÇÃO DE SABEDORIA

Deus, Pai bondoso, Filho Redentor e Espírito de sabedoria, do Senhor vêm toda sabedoria, conhecimento e amor. Na humildade que aprendi de seu amado Filho, venho pedir-lhe a sabedoria.

Diante de tudo que a vida nos coloca, somente com a sabedoria que vem do Senhor podemos ir adiante fazendo sempre o bem, amando, respeitando e promovendo os irmãos.

A sabedoria do Senhor vai ajudar-me a discernir entre o bem e o mal; vai orientar-me nas decisões para que não me deixe levar por ilusões e guiar-me na verdade do Evangelho; vai dar-me serenidade nos ataques dos inimigos do Evangelho de Jesus; ajudará a ver os enganos que se levantam contra as verdades da fé dos ensinamentos morais e a vivência no povo de Deus.

A sabedoria que vem do Senhor iluminar-me-á a viver o Evangelho com simplicidade e pureza, sem ficar criando leis inúteis na Igreja, complicando a vida do povo e procurando vãs compensações humanas.

Peço a sabedoria para ser igual a Jesus e guiado pelo Espírito Santo na comunhão com os santos e na materna intercessão de Maria. Amém!

Pe. Luiz Carlos de Oliveira

PRECE NO DESERTO

Senhor, eu sou o menor grão de areia do deserto, que a chuva de vossa graça vem fecundar. Eu não mereço que olheis um dia para minhas boas ações. Muitas vezes me contentei somente de apelar para vossa piedade e misericórdia. Muitas vezes deixei de adorar vosso poder, contemplando uma folha ou uma floresta, o mar ou uma gota d'água, uma aurora ou uma pétala de rosa. Muitas vezes não escutei o que vós dizíeis no ribombar do trovão, no canto das fontes, nos lamentos do pobre. O silêncio da noite para mim era o vosso silêncio.

Eu praticava o bem pensando que estáveis me vendo, e praticava o mal esperando que não estivésseis me vendo. Quando eu sofria, esquecia-me daqueles que estavam sofrendo mais do que eu. Quando eu era feliz, acreditava ser o autor da minha felicidade. Eu me dei a liberdade de olhar para vós e de vos falar. Tive a ousadia de discutir sobre o bem e o mal, sobre a vida e a morte. Ousei interpretar as vossas palavras. Ousei levantar a cabeça no furacão de vossas revelações.

Ó Senhor, que fazeis brotar a semente, ó Senhor, que destruís as messes! Senhor do sol, das batalhas e da luz serena! Senhor da pomba e do leão, do fio de erva e do cedro, do musgo e da pedra. Senhor do oásis e do deserto! Senhor que destruiu os palácios de Babilônia! Senhor que providencia uma tenda para o nômade! Senhor que nos dá o dia e a noite, a água e o pão, a esperança e o sono! Ó Senhor da vida, da morte e da ressurreição, eu me ajoelho diante de vossa majestade, me aniquilo diante de vós. Eu não sei como posso existir depois de pronunciar vosso nome santo.

Árabe anônimo

LADAINHA DE NOSSA SENHORA

Pai, amor infinito, que através de Maria, nos destes Jesus Cristo, tende piedade de nós.
Cristo, carne e sangue de Maria, tende piedade de nós.
Espírito Santo, que realizastes em Maria a maior obra-prima da graça, tende piedade de nós.
Maria, plenitude da graça...
Maria, aurora da salvação...
Maria, figura e modelo da Igreja...
Maria, Mãe amantíssima da Igreja...
Maria, guia do povo de Deus...
Maria, glória da graça divina...
Maria, guia dos humildes e dos pobres...
Maria, exemplo nas provações da fé...
Maria, associada a Cristo na incompreensão e na dor...
Maria, fiel a Cristo até o aniquilamento da cruz...
Maria, reflexo e espelho do mistério de Cristo...
Maria, Mãe de Cristo e Mãe dos homens...
Maria, oferenda total do amor...
Maria, Mãe de todos os irmãos em Cristo...
Maria, mediadora materna em favor da Igreja e da humanidade...
Maria, cooperadora de Cristo na obra da salvação...
Maria, Mãe do Senhor glorificado...
Maria, guia para a Eucaristia...

Cordeiro de Deus, nascido de Maria, tende piedade de nós.
Cordeiro de Deus, glória de Maria, tende piedade de nós.
Cordeiro de Deus, paz e reconciliação do homem, tende piedade de nós.

LADAINHA DE SÃO JOSÉ

Senhor, tende piedade de nós.
Jesus Cristo, tende piedade de nós.
Senhor, tende piedade de nós.
Jesus Cristo, ouvi-nos.
Jesus Cristo, atendei-nos.
Deus Pai dos céus, tende piedade de nós.
Deus Filho, redentor do mundo, tende piedade de nós.
Deus Espírito Santo, tende piedade de nós
Santíssima Trindade, que sois um só Deus, tende piedade de nós.
Santa Maria, rogai por nós.
São José, rogai por nós.
De Davi ilustre descendente, rogai por nós.
Luz dos patriarcas, rogai por nós.
Esposo da Mãe de Deus, rogai por nós.
Guarda puríssimo da Virgem, rogai por nós.
Nutrício do Filho de Deus, rogai por nós.
Zeloso defensor de Cristo, rogai por nós.
Chefe da Sagrada Família, rogai por nós.
José justíssimo, rogai por nós.
José castíssimo, rogai por nós.

José prudentíssimo, rogai por nós.
José fortíssimo, rogai por nós.
José obedientíssimo, rogai por nós.
José fidelíssimo, rogai por nós.
Espelho da paciência, rogai por nós.
Amante da pobreza, rogai por nós.
Modelo dos operários, rogai por nós.
Glória da vida doméstica, rogai por nós.
Guarda das virgens, rogai por nós.
Amparo das famílias, rogai por nós.
Consolador dos aflitos, rogai por nós.
Esperança dos enfermos, rogai por nós.
Padroeiro dos moribundos, rogai por nós.
Terror dos demônios, rogai por nós.
Protetor da Santa Igreja, rogai por nós.
Cordeiro de Deus, que tirais os pecados do mundo, perdoai-nos, Senhor.
Cordeiro de Deus, que tirais os pecados do mundo, ouvi-nos, Senhor.
Cordeiro de Deus, que tirais os pecados do mundo, tende piedade de nós.
V. O Senhor o fez dono de sua casa.
R. E árbitro de todos os seus bens.

Oremos: Ó Deus, que por inefável providência vos dignastes escolher o bem-aventurado José para esposo de vossa Mãe Santíssima, concedei-nos, nós vo-lo pedimos, que, venerando-o aqui na terra como protetor, mereçamos tê-lo no céu como intercessor: vós que viveis e reinais nos séculos dos séculos. Amém.

LADAINHA DE SANTO ANTÔNIO

Senhor, tende piedade de nós.
Jesus Cristo, tende piedade de nós.
Senhor, tende piedade de nós.
Jesus Cristo, ouvi-nos.
Jesus Cristo, atendei-nos.
Deus, Pai dos céus, tende piedade de nós.
Deus Filho, redentor do mundo, tende piedade de nós.
Deus Espírito Santo, tende piedade de nós.
Santíssima Trindade que sois um só Deus, tende piedade de nós.
Santo Antônio de Pádua, rogai por nós.
Íntimo amigo do Menino Deus, rogai por nós.
Servo da Mãe Imaculada, rogai por nós.
Fidelíssimo filho de São Francisco, rogai por nós.
Homem da santa oração, rogai por nós.
Lírio da castidade, rogai por nós.
Modelo da obediência, rogai por nós.
Amante da vida oculta, rogai por nós.
Desprezador das glórias humanas, rogai por nós.
Rosa da caridade, rogai por nós.
Espelho de todas as virtudes, rogai por nós.
Sacerdote segundo o Coração do Altíssimo, rogai por nós.
Imitador dos apóstolos, rogai por nós.
Mártir pelo desejo, rogai por nós.
Coluna da Igreja, rogai por nós.
Zeloso amante das almas, rogai por nós.
Propugnador da fé, rogai por nós.
Doutor da verdade, rogai por nós.

Batalhador contra a falsidade, rogai por nós.
Arca do testamento, rogai por nós.
Trombeta do Evangelho, rogai por nós.
Convertedor dos pecadores, rogai por nós.
Extirpador dos crimes, rogai por nós.
Restaurador da paz, rogai por nós.
Reformador dos costumes, rogai por nós.
Triunfador dos corações, rogai por nós.
Auxiliador dos aflitos, rogai por nós.
Terror dos demônios, rogai por nós.
Ressuscitador dos mortos, rogai por nós.
Restituidor das coisas perdidas, rogai por nós.
Glorioso taumaturgo, rogai por nós.
Santo do mundo inteiro, rogai por nós.
Glória da ordem dos menores, rogai por nós.
Alegria da corte celeste, rogai por nós.
Nosso amável padroeiro, rogai por nós.
Cordeiro de Deus, que tirais os pecados do mundo, perdoai-nos, Senhor.
Cordeiro de Deus, que tirais os pecados do mundo, ouvi-nos, Senhor.
Cordeiro de Deus, que tirais os pecados do mundo, tende piedade de nós.
V. Rogai por nós, Santo Antônio.
R. Para que sejamos dignos das promessas de Cristo.

Oremos: Alegre, Senhor Deus, a vossa Igreja, a solenidade votiva de Santo Antônio, vosso confessor, para que sempre se ache fortalecida com socorros espirituais, e mereça alcançar as alegrias eternas. Pelos merecimentos de Jesus Cristo, nosso Senhor. Amém.

LADAINHA DE SÃO FRANCISCO

Senhor, tende piedade de nós.
Jesus Cristo, tende piedade de nós.
Senhor, tende piedade de nós.
Jesus Cristo, ouvi-nos.
Jesus Cristo, atendei-nos.
Deus, Pai dos céus, tende piedade de nós.
Deus Filho, redentor do mundo,
tende piedade de nós.
Deus Espírito Santo, tende piedade de nós.
Santíssima Trindade, que sois um só Deus,
tende piedade de nós.
Santa Maria, Virgem Imaculada, rogai por nós.
São Francisco seráfico, rogai por nós.
São Francisco, pai sapientíssimo, rogai por nós.
São Francisco, pai dos pobres, rogai por nós.
São Francisco, que desprezastes o mundo,
rogai por nós.
São Francisco, espelho de penitência,
rogai por nós.
São Francisco, vencedor dos vícios,
rogai por nós.
São Francisco, zeloso imitador de Cristo,
rogai por nós.
São Francisco, com as chagas de Jesus
adornado, rogai por nós.
São Francisco, amante da pobreza, rogai por nós.
São Francisco, mestre de obediência,
rogai por nós.
São Francisco, espelho puríssimo da castidade,
rogai por nós.

São Francisco, norma da humildade,
rogai por nós.
São Francisco, pai rico de graças, rogai por nós.
São Francisco, caminho dos que erram,
rogai por nós.
São Francisco, auxílio dos enfermos,
rogai por nós.
São Francisco, coluna da Igreja, rogai por nós.
São Francisco, protetor da fé, rogai por nós.
São Francisco, herói valente de Cristo,
rogai por nós.
São Francisco, baluarte dos que pelejam,
rogai por nós.
São Francisco, escudo inexpugnável,
rogai por nós.
São Francisco, martelo dos hereges,
rogai por nós.
São Francisco, apóstolo dos infiéis, rogai por nós.
São Francisco, sustentáculo dos fracos,
rogai por nós.
São Francisco, ressuscitador dos mortos,
rogai por nós.
São Francisco, saúde dos leprosos, rogai por nós.
São Francisco, serafim do mais ardente amor,
rogai por nós.
Cordeiro de Deus, que tirais os pecados
do mundo, perdoai-nos, Senhor.
Cordeiro de Deus, que tirais os pecados
do mundo, ouvi-nos, Senhor.
Cordeiro de Deus, que tirais os pecados
do mundo, tende piedade de nós.
V. Rogai por nós, nosso pai São Francisco.

R. Para que sejamos dignos das promessas de Cristo.

Oremos: Deus onipotente, cuja providência governa tudo, ouvi a oração de vossos servos e fazei que, celebrando devotamente a memória do glorioso confessor vosso, São Francisco, em virtude dos seus méritos, sejamos dignos de contemplar a glória do vosso Filho Unigênito, que convosco vive e reina pelos séculos dos séculos. Amém.

LADAINHA DO ESPÍRITO SANTO

V - Senhor, tende piedade de nós!
R - Senhor, tende piedade de nós!
V - Jesus Cristo, tende piedade de nós!
R - Jesus Cristo, tende piedade de nós!
V - Senhor, tende piedade de nós!
R - Senhor, tende piedade de nós!
V - Jesus Cristo, ouvi-nos!
R - Jesus Cristo, ouvi-nos!
V - Jesus Cristo, atendei-nos!
R - Jesus Cristo, atendei-nos!

Pai celeste, que sois Deus,
- Tende piedade de nós!
Filho, Redentor do mundo, que sois Deus,
Santíssima Trindade, que sois um só Deus,
Espírito que procedeis do Pai e do Filho,
Espírito do Senhor, que no início da criação,

pairando sobre as águas, as tornastes fecundas,
Espírito, sob cuja inspiração falaram os santos de Deus,
Espírito, cuja unção nos ensina tudo,
Espírito, que rendeis testemunho de Jesus Cristo,
Espírito, que descestes sobre Maria,
Espírito do Senhor, que encheis toda a terra,
Espírito de Deus, que estais em nós,
Espírito de sabedoria e de inteligência,
Espírito de conselho e de força,
Espírito de ciência e de piedade,
Espírito de graça e de misericórdia,
Espírito de virtude, dileção e sobriedade,
Espírito de fé, esperança, amor e paz,
Espírito de humildade e de castidade,
Espírito de bondade e de doçura,
Espírito de todas as formas de graça,
Espírito que perscrutais os segredos de Deus,
Espírito, que rogais por nós com súplicas inenarráveis,
Espírito, que descestes sobre Jesus na forma de pomba,
Espírito, por quem recebemos novo nascimento,
Espírito, que encheis os corações de caridade,
Espírito de adoção dos filhos de Deus,
Espírito, que aparecestes sobre os discípulos sob a forma de línguas de fogo,
Espírito, de que foram cheios os Apóstolos,
Espírito, que dais a cada qual segundo a vossa vontade,

V - Sede-nos propício,
R - Perdoai-nos, Senhor!

V - Sede-nos propício,
R - Ouvi-nos, Senhor!

De todo o mal,
- Livrai-nos, Senhor!
De todo o pecado,
Das tentações e insídias do demônio,
De toda a presunção e desesperação,
Da resistência à verdade,
Da obstinação e impenitência,
Da impureza da mente e do corpo,
Do espírito de fornicação,
De todo o mau espírito,
Porque procedeis do Pai e do Filho,
Pela concepção de Jesus Cristo,
Pela descida sobre Jesus Cristo no Jordão,
Pela vossa descida sobre os discípulos,

No grande dia do juízo, ainda que pecadores,
Vos rogamos, ouvi-nos!
Para que, vivendo pelo Espírito, operemos pelo Espírito,
Vos rogamos, ouvi-nos!
Para que nos lembremos de que somos templos do Espírito Santo e não o profanemos,
Vos rogamos, ouvi-nos!
Para que, vivendo segundo o Espírito, não insistamos em satisfazer os desejos da carne,
Vos rogamos, ouvi-nos!
Para que não vos contristemos, Espírito Santo de Deus,
Vos rogamos, ouvi-nos!

Para que sejamos solícitos em conservar a unidade do espírito, sendo esta o laço da paz,
Vos rogamos, ouvi-nos!
Para que não acreditemos facilmente em todo espírito,
Vos rogamos, ouvi-nos!
Para que verifiquemos se o espírito é de Deus,
Vos rogamos, ouvi-nos!
Para que vos digneis renovar em nós a retidão do espírito,
Vos rogamos, ouvi-nos!
Para que nos confirmeis no vosso Espírito,
Vos rogamos, ouvi-nos!

V - Cordeiro de Deus que tirais os pecados do mundo,
R - Perdoai-nos! Senhor!
V - Cordeiro de Deus que tirais os pecados do mundo,
R - Ouvi-nos! Senhor!
V - Cordeiro de Deus que tirais os pecados do mundo,
R - Tende piedade de nós! Senhor!
V - Enviai o vosso Espírito e tudo será criado,
R - E renovareis a face da terra!

Oremos: Nós vos suplicamos, Senhor, que nos assista a virtude do vosso Espírito Santo para que, purificando pela sua misericórdia as manchas dos nossos corações, nos preserve de todo o mal. Por Cristo, Senhor nosso. Amém.

LADAINHA PELAS ALMAS DO PURGATÓRIO

Senhor, tende piedade de nós!
Jesus Cristo, tende piedade de nós!
Senhor, tende piedade de nós!
Jesus Cristo, ouvi-nos!
Jesus Cristo, atendei-nos!
Pai celeste, verdadeiro Deus, tende piedade das almas do Purgatório!
Filho, Redentor do mundo, verdadeiro Deus, tende piedade das almas do Purgatório!
Espírito Santo, verdadeiro Deus, tende piedade das almas do Purgatório!
Santa Trindade, um único Deus, tende piedade das almas do Purgatório!
Santa Maria, rogai pelas almas do Purgatório!
Santa Mãe de Deus, rogai pelas almas do Purgatório!
Santa Virgem das virgens, rogai pelas almas do Purgatório!
São Miguel, rogai pelas almas do Purgatório!
Santos anjos e arcanjos, rogai pelas almas do Purgatório!
Coro dos espíritos bem-aventurados, rogai pelas almas do Purgatório!
São João Batista, rogai pelas almas do Purgatório!
São José, rogai pelas almas do Purgatório!
Santos patriarcas e santos profetas, rogai pelas almas do Purgatório!
São Pedro, rogai pelas almas do Purgatório!

São Paulo, rogai pelas almas do Purgatório!
São João, rogai pelas almas do Purgatório!
Santos apóstolos e santos evangelistas,
rogai pelas almas do Purgatório!
Santo Estêvão, São Lourenço, santos mártires,
São Gregório, Santo Ambrósio, Santo
Agostinho, rogai pelas almas do Purgatório!
São Jerônimo, rogai pelas almas do Purgatório!
Santos pontífices e santos confessores,
rogai pelas almas do Purgatório!
Santos doutores,
rogai pelas almas do Purgatório!
Santos sacerdotes e santos levitas,
rogai pelas almas do Purgatório!
Santos frades e santos eremitas,
rogai pelas almas do Purgatório!
Santas virgens e santas viúvas,
rogai pelas almas do Purgatório!
Vós todos, santos amigos de Deus,
rogai pelas almas do Purgatório!
Sede-nos propício, perdoai-lhes, Senhor!
Sede-nos propício, ouvi-nos, Senhor!
De seus sofrimentos, livrai-as, Senhor!
Da vossa cólera, livrai-as, Senhor!
Da severidade da vossa justiça, livrai-as, Senhor!
Do remorso da consciência, livrai-as, Senhor!
Das tristes trevas que as cercam,
livrai-as, Senhor!
Dos prantos e gemidos, livrai-as, Senhor!
Pela vossa encarnação, livrai-as, Senhor!
Pelo vosso nascimento, livrai-as, Senhor!
Pelo vosso doce nome, livrai-as, Senhor!

Pela vossa profunda humildade,
livrai-as, Senhor!
Pela vossa obediência, livrai-as, Senhor!
Pelo vosso infinito amor, livrai-as, Senhor!
Pela vossa agonia e vossos sofrimentos,
livrai-as, Senhor!
Pela vossa paixão e vossa santa cruz,
livrai-as, Senhor!
Pela vossa santa ressurreição, livrai-as, Senhor!
Pela vossa admirável ascensão, livrai-as, Senhor!
Pela vinda do Espírito Santo consolador, no dia do julgamento,
ainda que sejamos pecadores, nós vos pedimos, ouvi-nos!
Vós que perdoastes aos pecadores e salvastes o bom ladrão, nós vos pedimos, ouvi-nos!
Vós que nos salvais por misericórdia, nós vos pedimos, ouvi-nos!
Vós que tendes as chaves da morte e do inferno, nós vos pedimos, ouvi-nos!
Dignai-vos livrar das chamas nossos parentes, amigos e benfeitores, nós vos pedimos, ouvi-nos!
Dignai-vos salvar todas as almas que gemem longe de vós, nós vos pedimos, ouvi-nos!
Dignai-vos ter piedade daquelas que não têm intercessores neste mundo, nós vos pedimos, ouvi-nos!
Dignai-vos admiti-las no número de vossos eleitos, nós vos pedimos, ouvi-nos!
Cordeiro de Deus que tirais os pecados
do mundo, dai-lhes o descanso eterno! (3 vezes)

LADAINHA DE SÃO MIGUEL ARCANJO

Senhor, tende piedade de nós!
Jesus Cristo, tende piedade de nós!
Senhor, tende piedade de nós!
Jesus Cristo, ouvi-nos!
Jesus Cristo, atendei-nos!
Pai Celeste, que sois Deus, tende piedade de nós!
Filho, Redentor do mundo que sois Deus, tende piedade de nós!
Espírito Santo, que sois Deus, tende piedade de nós!
Santíssima Trindade, que sois um único Deus, tende piedade de nós!
Santa Maria, Rainha dos Anjos, rogai por nós!
São Miguel, rogai por nós!
São Miguel, cheio da graça de Deus, rogai por nós!
São Miguel, perfeito adorador do Verbo Divino, rogai por nós!
São Miguel, coroado de honra e de glória, rogai por nós!
São Miguel, poderosíssimo Príncipe dos exércitos do Senhor, rogai por nós!
São Miguel, porta-estandarte da Santíssima Trindade, rogai por nós!
São Miguel, guia e consolador do povo israelita, rogai por nós!
São Miguel, esplendor e fortaleza da Igreja militante, rogai por nós!
São Miguel, luz dos Anjos, rogai por nós!
São Miguel, baluarte dos cristãos, rogai por nós!

São Miguel, força daqueles que combatem pelo estandarte da Cruz, rogai por nós!
São Miguel, luz e confiança das almas no último momento da vida, rogai por nós!
São Miguel, socorro muito certo, rogai por nós!
São Miguel, nosso auxílio em todas as adversidades, rogai por nós!
São Miguel, arauto da sentença eterna, rogai por nós!
São Miguel, consolador das almas que estão no Purgatório, rogai por nós!
São Miguel, a quem o Senhor incumbiu de receber as almas que estão no Purgatório, rogai por nós!
São Miguel, nosso Príncipe, rogai por nós!
São Miguel, nosso Advogado, rogai por nós!
Cordeiro de Deus, que tirais os pecados do mundo, perdoai-nos Senhor.
Cordeiro de Deus, que tirais os pecados do mundo, atendei-nos Senhor.
Cordeiro de Deus, que tirais os pecados do mundo, tende piedade de nós.
Cristo, ouvi-nos!
Cristo, atendei-nos!
Rogai por nós, ó glorioso São Miguel, Príncipe da Igreja de Cristo!
Para que sejamos dignos de suas promessas.

CONVERTE-ME

Senhor, converte-me e perdoa-me.
Conduze-me a ti e ilumina minhas trevas.
Estou cheio de faltas incontáveis
e procuro refúgio junto de ti.
Estende-me a mão como a Pedro.
Eu rezo como o publicano para ser justificado.
Fonte de vida e de imortalidade,
dá de beber à minha alma sedenta;
estimula meu coração endurecido,
arranca de mim lágrimas de arrependimento.
Verdadeira luz, que ilumina todo homem,
ilumina-me; abre os olhos de meu coração
e fortalece-o no amor aos teus mandamentos...
Que eu ame somente a ti,
de todo o meu coração,
de toda a minha alma.

Efrém de Nísibe († 373)

SENHOR, EU TE PEÇO PERDÃO

Eu sei, Senhor, que não sou como tu desejas.
Depois de tantos propósitos e promessas,
eis-me novamente experimentando
a minha fraqueza, a minha pobreza.

Eu sei, Senhor, que nem mesmo os pecados
derrotam o teu amor,
e que tu não te afastas jamais de mim.
Por isso, Senhor, eu te louvo e te bendigo.
Tu és um Deus que perdoa, tu és grande no amor.
Dá-me um coração novo,
capaz de fazer frente aos ataques do mal.
Dá-me a alegria de ser perdoado,
de estar novamente no caminho.
Dá-me o teu perdão,
e um novo dia começará
a nascer dentro de mim.

FIZEMOS TUDO?

Senhor,
vivemos este dia como tu viveste?
Fomos pacientes, humildes, atenciosos?
Estivemos atentos a quem veio ao nosso encontro?
Respondemos àqueles que nos perguntavam?
Sorrimos com ternura àqueles que nos sorriam?
Soubemos dar palavras de compreensão, antes do pão?
Irradiamos a tua alegria?
Fomos irmãos com os nossos irmãos?
Se não fizemos tudo isto, perdoa-nos, Senhor.
E mesmo se o fizemos, não é ainda o suficiente.
Assim te pedimos:
inflama-nos de amor um pouco mais a cada dia.

PEÇO PERDÃO A DEUS, BOM PAI

Eu te peço perdão, bom Pai,
por toda falta de amor,
pela minha débil esperança
e pela minha fraca fé.
Peço-te, Senhor,
que ilumines os meus passos,
e me dês a força de viver
com todos os meus irmãos
fiéis novamente ao teu Evangelho.

CONVERTEI-VOS AO SENHOR

Convertei-vos ao Senhor,
de todo o vosso coração.
Com jejuns, com lágrimas,
com gemidos de luto.
Rasgai os vossos corações
e não só as vossas vestes.
Voltai a Iavé, vosso Deus!
Porque ele é misericordioso e compassivo,
lento para a cólera e rico de graças,
pronto a renunciar ao castigo.

Mas se nos dias de jejum
tratais de vossos negócios
e oprimis os vossos operários,
se passais os vossos jejuns
na disputa e na contenda,
esmurrando o pobre,

não é jejuando assim que fareis chegar,
lá em cima, a vossa voz.

Porventura é este o jejum que me agrada?
Curvar a cabeça como um junco,
prostrar-se em terra,
sobre o saco e a cinza?
É a isso que chamais jejum?
Um dia agradável a Iavé?

Não sabeis qual é o jejum que me agrada?
Oráculo de Iavé:
é romper as cadeias injustas,
é desatar as cordas do jugo,
é libertar os oprimidos,
é quebrar toda espécie de opressão,
é repartir o pão com os famintos,
é agasalhar os pobres sem abrigo,
é vestir quem estiver nu,
e não se desviar do irmão necessitado.

Então vossa luz despontará como a aurora,
vossas feridas serão cicatrizadas,
vossa justiça aparecerá diante de vós
e a glória de Iavé vos cercará.

Vossa luz brilhará nas trevas
e as sombras serão como o meio-dia.
Iavé será vosso guia
e vos saciará no deserto.

Joel 2,12-13; Isaías 58,3-11

ORAÇÃO DE CURA

Deus de amor imenso, de bondade e de conhecimento. Apresento-me diante do Senhor com essa realidade que sou. O Senhor sabe os males que me incomodam e tanto fazem sofrer a mim e aos outros. (Descreva para Deus o que está sentindo.)

Pai bondoso, venho com estes males e aceito o que está acontecendo comigo. Sei que o Senhor não quer minha infelicidade nem me está castigando. Mas vivendo essa situação proponho-me a fazer tudo que puder para superar o que passo. Que o Senhor me ensine os caminhos e coloque pessoas que me deem a ajuda amiga de que necessito na minha fraqueza.

Quero deixar os males que são provocados por mim mesmo. Renuncio o que rompe nossa amizade e gera em mim o pecado. Renuncio defender as atitudes erradas que tenho propositalmente só para chamar a atenção sobre mim. Vou tentar com minhas forças e a graça que vem do Senhor curar meu coração. Sei que tudo vem do Senhor, mas depende de mim querer sair destes males.

Feliz e recuperado cantarei seus louvores, empreenderei uma estrada mais segura na liberdade de seu amor. Quero assumir mais minha vida e ser mais seu filho e serei mais fraterno para com meus irmãos. Só o amor é o grande remédio para todos os males. Quero ter a minha vida em minhas mãos e nas mãos do Senhor.

Prometo comprometer-me com seu evangelho e, curado, serei de ajuda aos que sofrem estes males que passo. Amém!

Pe. Luiz Carlos de Oliveira

PELA CURA DE UMA CRIANÇA DOENTE

Senhor Jesus,
tu convidaste as crianças
para vir a ti,
para poder pôr tuas mãos sobre elas
e para abençoá-las.
Nós te suplicamos
que estendas agora tuas mãos
sobre esta criança
para aliviar sua dor,
para livrá-la de todos os seus males.
Que tua misericórdia
lhe devolva a saúde
de corpo e alma,
a fim de que, com coração agradecido,
possa sempre te amar e servir o seu próximo.
Isto te pedimos a ti
que és o Amor. Amém.

Adriano Backx

PARA DIMINUIR AS PREOCUPAÇÕES

Cristo, tu disseste aos que amavas:
"Eu estou contigo, não fiques triste".
Que eu, Senhor,
em meio das provações e cruzes da vida
tenha sempre confiança em ti.
Tu serás meu constante companheiro.
Quando não puder mais aguentar,
tu me levarás carinhosamente nos teus braços.
Que eu não tema aquilo
que possa suceder-me amanhã.
Sei que teu Pai cuida de mim hoje...
e fará o mesmo amanhã.
Tu, ó Cristo, me libertarás
do meu sofrimento e me darás força
para suportá-lo com toda paciência.
Que isto me tranquilize
e afaste os pensamentos irreais,
as tristezas imaginárias,
as preocupações inúteis.
De novo escuto tua voz:
"Eu estou contigo, não fiques triste".
Obrigado, Senhor. Amém.

Adriano Backx

PARA QUE NÃO ME SINTA INFERIOR AOS OUTROS

Senhor Deus,
agora compreendo, que apesar da minha doença
do meu desamparo e da minha inatividade,
continuo a ser diante de ti
uma pessoa de imenso valor.
Tudo que sofro,
até nos momentos em que
me sinto por todos abandonado,
é para mim uma imensa riqueza,
pois assim percebo aquilo
que é realmente o valor do homem.
Ajuda-me nesses momentos,
para que sempre veja a verdade:
que ninguém é inferior diante de ti. Amém.

Adriano Backx

ORAÇÃO DO ENFERMO PELOS ENFERMOS

Sou eu, Senhor, aquele que sofre.

Porém, se contemplo a todos que sofrem em torno de mim, reconheço que não sou uma exceção, e então quero rezar por todos eles:

— Por todos os doentes atendidos nas clínicas, nos hospitais, nos asilos, mas separados das suas famílias.

— Pelos vários milhões de doentes, que não

são atendidos por ninguém, pois são indigentes e morrem à míngua.

— Pelas crianças enfermas, condenadas a arrastar, a vida toda, um corpo mutilado e defeituoso. Mas também por tantos milhões de crianças que vivem subnutridas e que morrem por falta de alimentação e de assistência médica.

— Por todos os doentes operados cuja dor, às vezes, se torna insuportável ao despertar da anestesia.

— Mas também por todos aqueles que deviam ser operados, mas não são socorridos e cuja dor e morte se devem à nossa sociedade.

— Por todos os pais de família que, vivendo nas suas casas, sentem a indiferença e os maus-tratos dos que não compreendem a sua dor.

— Por todos os anciãos acometidos de doença incurável e que são tratados de uma maneira bastante desumana.

Senhor Deus, quero ser o porta-voz deles junto de ti:

Eu te ofereço os meus sofrimentos,
imploro a tua misericórdia:
por suas penas,
por suas impaciências,
por suas revoltas,
por suas blasfêmias "justificadas",
por suas covardias perante a vida.

Concede a eles e a mim também a graça de nos desligarmos da mentalidade de enfermos assistidos e inúteis.

Ajuda-nos a tomar conta da nossa vida, a fazer-nos úteis de acordo com nossa capacidade, a aproveitarmos das possibilidades humanas que ainda nos restam, a utilizarmos as forças que ainda possuímos em favor dos outros, a nunca ficarmos conformados com situações injustas, como a falta de tratamento digno e humano para uma grande parte dos nossos irmãos doentes. Amém.

Adriano Backx

ORAÇÃO DA VÍTIMA DE ACIDENTE DO TRÂNSITO

Senhor Deus, tu sabes que o número de vítimas do trânsito está aumentando cada vez mais, parece ser uma calamidade! Tantas mortes trágicas sem sentido, pessoas que estavam ainda no início de uma vida cheia de esperança: casais novos, crianças, pais de famílias, todos desapareceram por causa da loucura de um trânsito desenfreado. Nos hospitais se acha um grande número de inválidos, muitas vezes para a vida toda. — E eu sou um deles; suplico-te a recuperação da minha saúde, para que eu possa, com coragem, enfrentar a vida, apesar da minha deficiência. Modifica o coração dos homens, para que sejam prudentes e deixem de ser agressivos e impacientes no trânsito; que tenham noção da seriedade deste pecado muito grande contra a justiça e a caridade, para não expor ao perigo a vida e a integridade do seu irmão. Amém.

Adriano Backx

SOBRE OS TEUS OMBROS

Assim como ao publicano,
tem piedade de mim e eu viverei
pela tua graça.
Como à pecadora,
perdoa-me os meus pecados,
ó Filho de Deus!
Como a Pedro,
das ondas agitadas
tira-me também!
Como do bom ladrão,
tem piedade da minha malícia
e lembra-te de mim!
Como à ovelha
que se desvia, procura-me, Senhor,
e achar-me-ás;
e sobre os teus ombros
leva-me, Senhor,
ao aprisco do teu Pai!
Como aos do cego,
abre-me os olhos,
para que eu veja a tua luz.
Como aos do surdo,
abre-me os ouvidos,
para que ouça a tua voz.
Como à do paralítico,
cura a minha enfermidade
para que eu louve teu nome!
Como ao leproso,
purifica-me das minhas chagas!
Como o filho de Jairo,

faze-me viver, ó Senhor.
Como à sogra de Pedro,
cura-me, pois estou doente!
Como ao moço, filho da viúva,
levanta-me!
Como a Lázaro,
chama-me com a tua própria voz
e desliga as minhas faixas.
Pois estou morto pelo pecado,
como se fosse uma doença.
Levanta-me da minha ruína
para que eu louve o teu nome!
Eu te suplico,
Senhor da terra e do céu,
vem ao meu socorro,
e mostra-me o teu caminho,
para que eu ande para ti.
Dá-me o que peço
e aceita as minhas preces.
Não destruas, Senhor misericordioso,
a esperança do teu servo,
pois ele espera. Amém.

Oração de uma comunidade cristã do 4º século

ORAÇÃO ANTES DA SANTA UNÇÃO

Senhor, nosso Deus,
mais do que nunca fazemos agora um apelo a ti,
pois sabemos que jamais nos abandonas.
Deste a nós todos teu maior dom e graça,
a nossa vida.
Esta, porém, pertence mais a ti do que a nós.
Por isso, a confiamos às tuas mãos seguras.
Protege-nos, guarda-nos e aperfeiçoa-nos
pelos séculos dos séculos. Amém.
Deus, todo-poderoso,
que desejas a vida e não a morte de teus filhos,
que levantas aqueles que caem
e sustentas os que vacilam,
a ti, que refazes o homem enfermo,
peço a tua piedade e compaixão para comigo,
nesta Unção que vou receber em teu nome,
para que ela se torne um remédio
em favor da minha pessoa toda.
Que ela me purifique e me livre
de todo sofrimento, de toda doença
e de todo mal corporal e espiritual.
Senhor Deus, envia do céu teu poder
que cura o meu corpo, apaga sua febre.
Deixa cessar todo sofrimento e toda fraqueza.
Faze-me levantar do meu leito de dor
e de angústia.
Que eu me livre de todo pecado,
e salvo e reerguido
possa te servir e agradecer eternamente. Amém.

Adriano Backx

ORAÇÃO APÓS A SANTA UNÇÃO

Senhor Deus, que por esta santa unção
habite em mim o teu Espírito
e fique cheio da tua força,
e desperte em mim
a confiança em ti.
Na tua bondade, Senhor,
perdoa todas as minhas faltas,
apaga os meus pecados
e que todo o meu ser
brilhe de tua luz.

Livra-me do mal
que impede o progresso da minha vida,
enche-me com a força vivificante
do teu Espírito,
para que eu seja recriado
à tua imagem e semelhança,
conforme o homem perfeito,
Jesus Cristo, nosso Senhor.

Adriano Backx

INTERCESSÃO E AÇÃO DE GRAÇAS

Ó Senhor, nós te imploramos: sê nosso socorro e nossa fortaleza; sê a salvação dos oprimidos; tem piedade dos humildes; ergue aos decaídos; revela-te aos que se encontram em necessidade; cura os enfermos; traz de volta para o teu povo os que se desviaram de teus caminhos; alimenta os famintos; liberta nossos prisioneiros; fortalece os fracos; consola os que estão tristes!

Que saibam todas as nações que somente tu és Deus, que Jesus Cristo é teu Filho, que somos teu povo e ovelhas de teu rebanho! Não leves em conta os pecados de teus servos e tuas servas, mas purifica-nos com tua verdade e dirige nossos passos para que possamos manter um coração perfeito e fazer o que é bom e agradável a teus olhos e aos olhos dos que nos governam!

Dá a concórdia e a paz a todos os que habitam nesta terra, assim como as deste aos nossos antepassados quando eles te invocaram em santidade, fé e verdade!

Graças te damos por meio do teu Filho Jesus Cristo, por quem sejam a ti a glória e a majestade, agora, de geração a geração, pelos séculos dos séculos. Amém.

São Clemente Romano (96)

FAZE QUE EU SEJA TEU

Ó Jesus, minha alma aspira
a contemplar tua bondade;
arde por ouvir-te.
Ó Jesus, que meu coração deseja,
até quando suportarei tua ausência?

Jesus és doce quando inclina
a cabeça para morrer.
És doce quando estende os braços.
És doce quando deixa que lhe abram o lado,
pois esse sofrimento sagrado
revelou-nos as riquezas de tua bondade
e o amor de teu coração por nós...

Jesus, tu que és bom,
tu que és doce para meus lábios,
doce para meu coração,
doce para meus ouvidos.
Só a ti procuro.
Ainda que nenhuma recompensa
me fosse prometida,
ainda que não existissem
o inferno e o paraíso,
por causa da tua bondade tão doce,
eu me uniria a ti;
por causa de ti mesmo.

Anselmo de Cantuária (1033-1109)

SENHOR, ENSINA-NOS A AMAR!

Senhor, ensina-nos a não nos amar
somente a nós mesmos
e a não amar somente os nossos.
A não amar somente aqueles que nos amam.
Ensina-nos também a pensar nos outros
e a amar primeiro aqueles que ninguém ama.

Dá-nos a graça de compreender que,
a cada instante,
enquanto somos tão felizes,
milhões de seres humanos,
teus filhos e irmãos nossos,
são condenados a morrer de fome e frio
por nosso cruel egoísmo.

Senhor, tem piedade
de todos os pobres do mundo.

Não permitas mais, Senhor,
que sejamos felizes sozinhos.
Dá-nos a graça de sentirmos
a angústia da miséria universal
e livra-nos de nós mesmos!

Raoul Follereau

OFERTA DE SI A DEUS

Acolhe, Senhor, a minha total liberdade.
Recebe a memória, a inteligência
e a vontade, sem reservas.
Quanto tenho e possuo,
foi-me doado por ti.
Eu o devolvo a ti.
Eu o confio a ti.
Guia-me segundo a tua vontade.
Dá-me apenas o teu amor, Senhor,
com a tua graça.
Isto me basta.
Não te peço outra coisa.

Santo Inácio de Loyola

GRAÇAS À TUA MISERICÓRDIA, COMECEI A EXISTIR

Senhor, antes de conhecer-te,
era como se eu não existisse,
eu era infeliz, o sentido da vida
me era desconhecido;
em minha ignorância,
eu nada conhecia do meu próprio ser.
Graças à tua misericórdia, comecei a existir:
agora sei claramente que devo minha existência
unicamente à tua bondade.
Sei que tu
— que não tinhas necessidade
de que eu existisse
— não me deste a vida para ser desperdiçada.
Por todo o tempo que o permitir a vida que me deste,
Pai santo, Deus todo-poderoso,
quero proclamar-te como o Deus eterno
e como o Pai de amor.

Hilário de Poitiers († 367)

USA DE MISERICÓRDIA COM O MUNDO

Pai eterno, usa de misericórdia com o mundo;
não tardes mais, deixa-te dobrar,
ouve enfim o desejo de teus filhos!
Não és tu mesmo que provocas seus gritos?
Escuta, então, a sua voz!
Não foi teu Filho quem disse:
Chamai e vos será respondido,
batei e vos será aberto,
pedi e vos será dado?
Ó Pai eterno, apelamos à tua misericórdia,
respondc-nos!
Nós batemos à porta de teu Filho,
porque conhecemos nele
o amor inefável que tens pelo homem.
Se batemos à tua porta,
teu amor de fogo pede que abras.
Abre, pois!
Alarga e rompe os corações
endurecidos de tuas criaturas,
não por causa delas
— que não batem à tua porta —,
mas por causa de tua bondade infinita
e por causa do amor de teus filhos
que batem e imploram por elas.
Vê, nós estamos aqui, à porta de teu Filho!
E que pedimos?
O sangue daquele que é a própria porta.
Nós queremos esse sangue,
no qual lavaste a iniqüidade
e apagaste o pecado.

Esse sangue é nosso,
porque tu no-lo deste para os lavar.
Não podes — nem o queres —
recusá-lo a quem o pede.
Dá, pois, o fruto desse sangue às tuas criaturas.
Põe na balança o preço do sangue de teu Filho,
e que o inimigo não possa arrebatar tuas ovelhas.

Catarina de Sena (1347-1380)

PRECE AO PAI

Ó Pai, tu que estás no céu: nós somos teus filhos na terra, teus filhos por ti salvos. Tem piedade de nós!

Sê para nós um Pai clemente. Não nos deixes pensar, falar, possuir, crer em qualquer coisa que não seja para homenagear-te e louvar-te...

Que se instaure o teu Reino e seja destruído o pecado. Concede que sigamos a tua vontade e não nos deixes entregues a nós mesmos...

Pai amado, conduz-nos por teus caminhos...

Ó Pai, dá à cristandade pregadores e apóstolos que ensinem verdadeiramente o teu santo evangelho!

Pai, somos fracos e enfermos. Ampara-nos, pois nada podemos sem tua graça e socorro!

Lutero († 1540)

SENHOR, FICA CONOSCO

Criador da luz, afasta pela luz da fé
toda escuridão do nosso coração.
— Senhor, fica conosco.
Que teu Espírito nos ensine a cumprir,
também hoje, a tua vontade.
— Senhor, fica conosco.
Que tua sabedoria nos dirija cada hora
deste dia.
— Senhor, fica conosco.
Dá-nos disposição para te honrarmos sempre
em tudo que dissermos e fizermos.
— Senhor, fica conosco.
Ajuda-nos a suportar corajosamente
as adversidades
e a servir-te desinteressadamente.
— Senhor, fica conosco.
Envia-nos a tua luz e abençoa-nos,
dá-nos a paz e estende sobre nós
tua mão protetora.
— Senhor, fica conosco.

Adriano Backx

ADORAR O PAI

Senhor, concede-nos a graça
de nos deixar formar por ti
na adoração que faremos daqui a pouco.
Queremos abrir-te um espaço,
deixar-te nosso coração e a nossa vida:
desejamos unir-nos a ti na tua adoração ao Pai,
à tua obediência,
à tua mansidão, ao teu abandono,
à tua pobreza, à tua coragem.
Nós te suplicamos, acalma-nos
como acalmaste os discípulos
depois das amarguras da noite,
com o convite: "Vinde e comei",
com o pedido de colaboração:
"Traze os peixes que pegaste até agora",
com a tua aproximação,
para partir o pão e distribuí-lo.
Faze, Senhor, que possamos
sentir tua presença assim,
com a tua disponibilidade em servir-nos,
na nossa imensa pobreza,
para alimentar-nos, para constituir
uma só coisa contigo,
arrasta-nos na tua adoração
e obediência ao Pai

Cardeal Martini

AO ÚNICO ALTÍSSIMO

Tu és o Deus único
e Jesus Cristo é teu Filho.
E nós, o teu povo e ovelhas de teu rebanho.
Dirige nossos passos,
para andarmos na santidade do coração.
E para realizarmos o que é bom
e agradável aos teus olhos.
Sim, Mestre, mostra-nos tua face para o bem na paz.
Concede-nos harmonia e paz,
a nós e a todos os habitantes da terra.
Torna-nos submissos a teu nome
todo-poderoso e todo santo.
Pois tu, Senhor dos céus, Rei dos séculos,
dás aos Filhos dos homens glória, honra e poder
sobre o que existe na terra.
Tu, Senhor, dirige sua vontade
para o que é bom e agradável
a teus olhos em tua presença.
Só tu podes realizar esses bens
e outros ainda maiores entre nós.
A ti exaltamos
pelo sumo sacerdote e protetor de nossas vidas,
Jesus Cristo.
Por ele te seja dada glória e magnificência,
agora e de geração em geração
e pelos séculos dos séculos. Amém.

São Clemente I, papa († 101)

EM TUA GRANDE COMPAIXÃO, Ó PAI

Benfeitor de todos os que se voltam para ti,
luz de todos os que estão nas trevas,
autor de toda semeadura,
jardineiro de todo crescimento espiritual,
tem piedade de mim, Senhor,
e faze de mim um templo digno de ti.
Não olhes para as minhas faltas,
porque, se levares em conta os meus pecados,
não poderei permanecer diante de ti.
Em tua grande compaixão, porém,
e na abundância de tuas misericórdias,
apaga minhas iniqüidades,
pelo teu Filho único e santíssimo,
Jesus Cristo, nosso Senhor
e médico de nossas almas.
Por ele te sejam prestados
glória, poder, honra e magnificência
pelos séculos dos séculos,
que não envelhecem nem acabam. Amém.

Papiro egípcio do século III

PAI, QUE NÃO QUISESTE HABITAR SÓ NO CÉU

Ó Pai nosso,
tu que nos geraste e nos criaste
por meio da tua Palavra,
por meio do teu Espírito;
tu que és nosso Pai, porque és nosso Criador,
o Senhor da aliança que quiseste fazer com os homens.
Tu que quiseste operar na nossa criação
e com a nossa criação,
e que és a meta de nossa existência.
Senhor nosso Deus!
Tu que não quiseste habitar somente no céu,
mas também conosco na terra.
Tu que não quiseste ficar sendo apenas
o Altíssimo,
mas te humilhaste e quiseste ser pequeno
como nós.
Tu que não quiseste reinar somente,
porém quiseste também servir-nos.
Tu que não quiseste ser apenas Deus
na eternidade,
mas quiseste nascer, viver e morrer
como homem,
tem piedade de nós e dá-nos o teu amor.

Senhor Deus nosso Pai, tu conheces até nos mínimos pormenores a vida, o pensamento e o coração de cada um; aos teus olhos não há justo nem um só.

Entretanto, não te esqueces de ninguém, não rejeitas ninguém.

Tu amas a cada um de nós e sabes do que precisamos e no-lo queres conceder; tu dás importância somente às mãos vazias que te estendemos, a fim de que no-las enchas abundantemente.

Na paixão e morte de Jesus, teu Filho bem-amado, tiraste de nós nossas trevas e nossa miséria e, tornando-nos teus filhos, nos deste acesso à luz e à alegria.

É em seu nome que te pedimos que concedas o Espírito Santo a cada um de nós.

Que sejamos reconfortados e encorajados a dar um passo à frente no caminho no qual nos colocaste. Amém.

Karl Barth

POSSA EU SENTIR-ME SEMPRE TEU FILHO!

Meu Deus, meu Pai!
Guarda-me sempre, eu te suplico,
do desespero e do desencorajamento!
Guarda-me sempre do desprezo por mim
que me tiraria a coragem
de me atirar em teus braços.
Pai, tu és Pai, meu Pai!
Que isso desça até o fundo
de minha consciência.
Se eu olhasse para mim mesmo,
ficaria desencorajado.
Pai, tu és Pai e eu sou teu filho.
Isso é tudo; e é esplêndido.
Ó meu Deus, concede-me a graça
de jamais duvidar dessa verdade
tão bela e tão doce de tua bondade.
Obrigado, meu Deus, por seres o Amor,
e obrigado por teres permitido
que eu o compreenda.
Tenho o direito de me dirigir a ti...
É prodigioso falar-te como a alguém que me ama.
Que nunca eu tenha medo de ti, meu Deus!
Tu és meu Pai e eu sou teu filho.
É bom viver, porque viver é ir para ti!
Obrigado por seres tão Pai, unicamente Pai.
Possa eu sentir-me sempre teu filho!
Assim seja! Amém.

ORAÇÃO DA FAMÍLIA

Senhor, Deus de bondade e de misericórdia, que no mundo do mal e do pecado, oferecestes à sociedade dos redimidos um puríssimo espelho de piedade, de justiça e de amor, a Sagrada Família de Nazaré, vede como a família, hoje, está cercada por ciladas de toda parte, e tudo se une para profaná-la, arrancando-lhe a fé, a religião, os bons costumes. Assisti, Senhor, a obra de vossas mãos. Protegei em nossos lares as virtudes domésticas, garantia única de concórdia e de paz. Vinde e suscitai defensores da família. Suscitai apóstolos dos novos tempos, que em vosso nome, com a mensagem de Cristo e com a santidade da vida, lembrem aos cônjuges a fidelidade, lembrem aos pais o exercício de sua autoridade, lembrem aos filhos a obediência, às jovens a modéstia, lembrem às mentes e aos corações de todos a estima e o amor de sua casa.

Restaurada em Jesus Cristo, segundo o exemplo do divino modelo de Nazaré, a família cristã encontre de novo a sua fisionomia. Todo ninho doméstico se transforme num santuário. Em todo lar se reacenda a chama da fé, que faz suportar na paciência as adversidades, que faz usufruir da prosperidade com moderação, e tudo conduz à ordem e à paz.

Debaixo de vosso olhar paterno, ó Senhor, e confiada à vossa Providência, sob o amoroso patrocínio de Jesus, Maria e José, a família será um refúgio de virtude e escola de sabedoria. Será repouso nos problemas da vida, testemunho das promessas de Cristo. Dará glória a vós e a vosso Filho Jesus diante do mundo, até o dia que chegue com todos os seus membros a cantar os vossos louvores nos séculos eternos. Amém.

Pio XII

DESEJAR UM FILHO

Ó Deus Pai, que enviastes a este mundo vosso Filho Unigênito, nós vos pedimos que vos sirvais de nós para criar uma nova vida. Vós somente sois Pai: toda paternidade vem de vós. Tornai participantes também a nós desta divina prerrogativa, de tal modo que possamos ver na criança que nos enviardes um sinal bem concreto de vossa presença paterna em nossa casa. Desejamos difundir o vosso amor sobre a terra. Abençoai o nosso amor para que seja fecundo, e amanhã se ouça uma outra voz, junto com a nossa, para louvar-vos, um outro coração para amar-vos, uma outra vida que dê testemunho de vós. Amém.

Missão de Milão - 1957

ESPERANDO UM FILHO

Ó Senhor, com quanta alegria percebemos que uma nova vida brilhou entre nós. Nós vos agradecemos por este presente maravilhoso com o qual nos fizestes participantes de vossa divina paternidade. Vós sabeis como é cheia de ansiedade a espera duma criança. Nós vos suplicamos: vigiai e protegei esta pequena e delicada vida, este corpo e esta alma ainda cheios de mistério, a fim de que chegue sadia à luz do mundo e ao renascimento do Batismo. Ó Mãe de Deus, confiamos esta criança a vosso coração de Mãe. Assim seja.

Missão de Milão - 1957

PELA CRIANÇA QUE NASCEU I

Senhor Jesus, que um dia quisestes ser criança, olhai por este nosso filho, fruto de nosso amor, fonte de nossa alegria, esperança de nossa vida. Vós, que andando pela terra deixastes os pequeninos virem a vós, dando-lhes a bênção, abençoai também o nosso filho, e não permitais que a sua inocência seja profanada pelo mal. Fazei que a vosso exemplo, cresça em idade, sabedoria e graça. Fazei-nos mais próximos de sua inocência. Fazei que nos seus olhos possamos ver o vosso rosto, encontrar nele novamente a nossa infância com todas as suas promessas. Que nosso filhinho nos ensine a sermos também nós crianças, para podermos entrar no reino dos céus. Amém.

Missão de Milão - 1957

PELA CRIANÇA QUE NASCEU II

A vós, Criador, a vós Deus todo-poderoso, ofereço esta nova plantinha , novo fruto de uma árvore antiga. Vós sois o Senhor, nós somos vossos filhos. A vós, ó Criador, a vós Deus todo-poderoso, vô-lo oferecemos. Olhai o sangue que corre, olhai a criança que chora. A vós oferecemos esta nova plantinha, novo fruto de uma árvore antiga.

Tribo dos Pigmeus

PELOS FILHOS

Ó Senhor, Deus Pai onipotente, nós vos agradecemos pelo dom dos filhos. É nossa alegria. As preocupações, os temores, as fadigas que eles nos custam, aceitamos com serenidade. Por nosso intermédio iluminastes a nossa vida. Desde toda a eternidade vós os conhecestes e amastes. Dai-nos sabedoria para guiá-los, paciência para instruí-los, vigilância para habituá-los ao bem com nosso exemplo. Dirigi o nosso amor quando for preciso repreendê-los e fazê-los melhores. É tão difícil entendê-los sempre, ser como eles nos desejam, ajudá-los a seguir o seu caminho. Ensinai-nos vós mesmo e ajudai-nos, bondoso Pai, pelos merecimentos de Jesus, vosso Filho e nosso Senhor. Amém.

Missão de Milão - 1957

BÊNÇÃO PARA O LAR

Ó Senhor, Pai santo e todo-poderoso, dignai-vos enviar vosso santo Anjo lá dos céus, a fim de guardar, socorrer, proteger, visitar e defender todos aqueles que habitam nesta casa. Amém.

Liturgia romana

PELO FUTURO DOS FILHOS

Vós, Senhor, nos conheceis um por um, e nos chamais pelo nome. A cada ser humano dais uma vocação para conseguir a salvação, para render-vos glória, e para ser um auxílio àqueles que o cercam. Também para nosso filho chegou o momento de conhecer o caminho que lhe destinastes. Iluminai a sua mente com vossa luz, sustentai-o com vossa força para não contentar-se com ideais ilusórios. Iluminai também a nós, seus pais, para ajudá-los a reconhecer a sua vocação e realizá-la com generosidade, sem colocar obstáculos à sua liberdade, e sem contrariar vossa inspiração interior. Amém.

Missão de Milão - 1957

PARA UM FILHO QUE ESTÁ LONGE

Ó Senhor, nosso filho também é vosso. Ele está longe de nós, mas está convosco, e vossa paternidade é nossa consolação. Em vós nós permanecemos unidos. Vós vedes aquilo que nós não vemos. Vós podeis o que nós não podemos, e providenciais tudo com amor. Afastai dele todo perigo, protegei-o agora que não está mais em nossa casa, mas no mundo. Nós confiamos em vós porque sois o melhor dos pais. Amém.

Missão de Milão - 1957

NOS PROBLEMAS DE FAMÍLIA

Ó Senhor, que criastes todo o universo, e dotastes a terra com riquezas suficientes para sustentar todos os que nela habitam, vinde em nosso socorro. Senhor, que cuidais dos lírios do campo e dos pássaros do céu, que os vestis, alimentais e multiplicais, manifestai também sobre nós vossa Providência paternal. Ajudai-nos, Senhor. Uma vez que nossa salvação só pode provir de homens honestos e bons, colocai no coração de nosso próximo o senso de justiça, de honestidade e caridade. Olhai por nossa família, que espera de vós com toda confiança o pão de cada dia. Fortificai os nossos corpos. Serenai a nossa vida, para que possamos corresponder mais facilmente à vossa graça divina, e sentir que sobre nós, sobre nossas preocupações e angústias permanece vigilante vosso amor de Pai. Amém.

Ó Senhor, nós não sabemos o que vos devemos pedir no dia de hoje, não sabemos do que precisamos. Vós o sabeis. Nós vos suplicamos para que vós nô-lo concedais.

Tribo de Kord, Índia setentrional

PELAS CRIANÇAS I

Senhor Jesus Cristo, que abraçastes as crianças que vos foram apresentadas e se aproximaram de vós, e lhes impusestes as mãos dizendo: "Deixai que as crianças venham a mim, porque delas é o reino dos céus, e os seus Anjos contemplam sempre a face de Deus", volvei vosso olhar para a inocência destas crianças, abençoando-as com ternura, para que sempre progridam em vossa graça e misericórdia, vos conheçam, vos amem, vos temam e guardem os vossos mandamentos e finalmente alcancem a meta desejada. Nós vô-lo pedimos por vossos méritos, ó Salvador do mundo, Jesus Cristo. Amém.

Liturgia romana

PELAS CRIANÇAS II

Ó nosso Velhinho do céu, baixai os olhos sobre nossa criança, para que mereça começar a comer nos dias que lhe marcastes.

Tribo da Polinésia

ORAÇÃO DO ADOLESCENTE

Ó Jesus Cristo, eis que diante das portas de minha adolescência abre-se para mim uma vida imensa e rica de esperança. Ao longo da estrada dessa grande aventura sede para mim um guia admirável, um amigo incomparável, que arrasta com seu exemplo, que ilumina com sua palavra, e sobretudo fortifica com a onipotência de sua vida divina. Fazei que no calor dessa luz viva, eu consagre toda a minha vida a amar-vos com efusão e servir-vos com heroísmo. (R. Claude)

Senhor, fazei que eu saiba o que devo saber, que eu ame o que devo amar, que eu louve o que vos agrada, que estime o que tem valor diante de vossos olhos, e que despreze o que é vil diante de vós.

Imitação de Cristo

ORAÇÃO DO JOVEM

Temos vinte anos e os olhos cheios de amor. Vinte anos temos nós! Vós, Senhor, conheceis o coração dos jovens. Quando encontramos nossas irmãs que passam cantando, não exigis que fiquemos indiferentes. Vós que plasmastes o nosso coração de carne, colocando nele uma alma imortal, vós que formastes de espírito e de carne o nosso ser, capaz de amar toda a beleza do mundo, vós que pusestes num coração de carne esse poder de amar, este fogo escondido, esta brasa ardente, vós que criastes esta ânsia de doar-se e abandonar-se, este desejo de perder-se, para de novo ser encontrada a fonte do amor e da caridade, vós, Senhor, conheceis o coração dos vossos jovens, e aquilo que faz arder a chama nele escondida.

Criastes o amor para uma grande missão, não apenas para o prazer de um dia. Criastes o amor para um grande ideal: para que brote de nossa carne e de nosso sangue um novo ser, também de carne e de sangue, que se chama homem. Senhor, vós colocastes em mim o dom da vida humana, escolhendo-me como vosso colaborador para continuar a humanidade. Como o sacerdote possui um poder sobre a vida divina, o poder de fazer-vos nascer, quando quiser, entre seus dedos corporais, assim também eu, como ele, disponho de um poder sobre a vida humana, sobre a vossa criação, o poder de pedir-vos um gesto criador.

Vós que me associais à vossa obra a ponto de torná-la digna de uma vocação quase sacerdotal, que eleva a união fecunda do homem e da mulher à dignidade de sacramento, de uma santa realidade, ensinai-me a dignidade e a santidade do amor, não permitindo que jamais eu profane em mim, com o coração, com o corpo ou com o desejo, este dom da vida que me confiastes.

I. Hainant

VISITA À EUCARISTIA

Ó Jesus, dai-me calor, alegria, prontidão para pensar em vós. Dai-me a vossa graça para desejar vossos santos Sacramentos, e especialmente para me alegrar, ó doce Salvador Jesus Cristo, com a presença de vosso santo Corpo, em vosso Sacramento do altar. E também agradecer-vos dignamente pela generosa visita que me fazeis. E diante desse insigne memorial, recordar e considerar com terna compaixão a vossa dolorosíssima Paixão. Tornai-me hoje, Senhor, participante de fato desse Santo Sacramento, e todo dia fazei-nos todos membros vivos, ó doce Salvador Jesus Cristo, de vosso santo e místico Corpo, a vossa Igreja Católica.

Tomas Moro

VINDE A MIM, SENHOR JESUS

Ó meu Jesus, eu me prostro a vossos pés, e vos ofereço o arrependimento de meu coração contrito, que mergulha no abismo do seu nada, e de vossa presença. Eu vos adoro no sacramento de vosso amor, a inefável Eucaristia. Desejo receber-vos na pobre habitação que vos oferece minha alma. Enquanto espero a felicidade da Comunhão sacramental, desejo possuir-vos em espírito. Vinde a mim, já que eu venho a vós, ó meu Jesus! Que vosso amor inflame todo o meu ser durante a vida e na morte. Creio em vós, espero em vós e vos amo. Amém.

Cardeal Merry del Val

DE VOSSO LADO TRANSPASSADO

Salve, ó Corpo verdadeiro, nascido da Virgem Maria, que padeceu verdadeiramente e foi imolado sobre a cruz pelo homem. De vosso lado transpassado jorrou água e sangue. Possamos saborear vossa presença no momento da morte. Ó doce Jesus! Ó piedoso Jesus! Ó Jesus, Filho de Maria!

Seqüência medieval

PIEDADE DE NÓS, SENHOR

Ó Senhor, olhai do excelso trono de vossa glória, e contemplai esta Hóstia sacrossanta de expiação, que Jesus Cristo, nosso sumo sacerdote e vosso Filho santíssimo, vos oferece pelos pecados de seus irmãos. Aplacai-vos, embora seja grande e imensa a nossa malícia. Vede como a voz do sangue de nosso irmão e Redentor Jesus Cristo grita a vós lá da cruz. Escutai, aplacai-vos, ó Senhor, ouvi, considerai. E por isso, não tardeis, ó Senhor, por vossa infinita bondade, porque o vosso nome está sendo invocado sobre vosso povo, e tratai-nos segundo vossa grande misericórdia. Amém.

São Caetano de Thiene

VINDE EM NOSSO AUXÍLIO

Nós vos suplicamos, ó Cristo nosso Deus, tornai estável o fundamento de vossa Igreja, infundi em nós a concórdia da caridade, aumentai a nossa fé, guiai-nos pelo caminho reto de vosso santo culto, fortificai os pastores, dai segurança às ovelhas. Dai a vossos sacerdotes uma vida imaculada, dai prudência às virgens, aos esposos uma vida serena, aos penitentes a vossa misericórdia, aos ricos a bondade, aos indigentes o socorro, aos pobres algum auxílio. Dai força aos idosos, tornai os jovens moderados.

Convertei os infiéis, fazei cessar os cismas em vossa Igreja, reprimi as rebeliões das heresias. Cuidai, Senhor, do clima e dos frutos da terra, regulai o nível das águas fluviais, lembrai-vos de mandar chuva para os campos semeados. Alegrai e renovai a face da terra, fazei fecundos os seus sulcos, multiplicai os brotos, preparai os campos para receber a semente e produzir a messe.

Dirigi a nossa vida, bendizei em vossa bondade o curso do ano, os pobres de vosso povo, a viúva e o órfão, o hóspede e o peregrino, e a nós todos que em vós esperamos e que invocamos vosso santo nome. Lembrai-vos, Senhor, de nossa cidade, dos fiéis que nela moram, e também de todas as outras cidades, com toda a sua população.

Livrai-nos da fome, da peste, dos terremotos, das inundações, do fogo, da escravidão, da guerra, dos insultos dos inimigos e dos hereges. Recordai-vos, Senhor, de todos aqueles que adormeceram marcados pela vossa fé, a fé dos nossos pais e irmãos. Dai às suas almas o descanso eterno junto de vossos santos e vossos justos. Amém.

Liturgia alexandrina de S. Gregório

INVADI MINHA ALMA

Ó meu Senhor Jesus, fogo que arde docemente e ilumina o nosso interior, queimando com suavidade, invadi toda minha alma. Ó Rei dos reis, Rei da eterna glória, dai-me ter fome e sede somente de vós, de suspirar por vós e desejar ardentemente contemplar vosso belíssimo rosto. Amém.

Venerável L. Blósio

AFASTAI DE MIM TODA MALDADE

Tende piedade de mim, ó bondoso Jesus. Tende piedade de mim, benigna Maria. Afastai de mim tudo aquilo que desagrada a vossos olhos. A vós eu me recomendo, agora e na hora de minha morte. Sim, ó meu Senhor, eu me submeto inteiramente a vosso beneplácito. Faça-se em mim e de mim a vossa santíssima vontade. Tornai-me uma pessoa conforme o vosso coração. Amém.

Venerável L. Blósio

FALAI, SENHOR MEU DEUS

Falai, Senhor, que vosso servo escuta. Enchei-me daquele espírito que me faça compreender o que me ordena vossa santa vontade, e fazei que eu deseje somente compreender vossas sublimes verdades. E também derramai o fulgor de vossa divina eloquência. Fazei que ela penetre silenciosamente em meu coração, com a fértil abundância de vosso orvalho, em doçura suave. Falai sim, ó meu Senhor. Vosso servo fiel silencia todos os seus sentidos para escutar-vos, e encontra a doçura da vida eterna em vossos toques divinos. Falai a fim de consolar a minha alma inquieta. Falai para que ela possa, por um momento, cair em si. Falai para que a vossa glória seja sempre exaltada e cresça eternamente.

Pedro Cornélio

DERRAMAI PALAVRAS DE CONFORTO

Falai, ó bom Senhor, sim, falai. Vosso servo escuta. Sou vosso servo e sempre quero ser. Derramai palavras de conforto em meus ouvidos que estão atentos. Mas não faleis apenas. Dai-me também a graça de compreender o que vossa celestial doçura me ensina. Fazei que não fique somente na porta de meus ouvidos, mas caia e produza raízes profundas em meu coração. Como a terra seca bebe as águas da chuva, quando a graça o permite, assim também eu receberei vossa palavra com a mesma ansiedade. Fazei que nesse momento tudo fique em silêncio, e vós somente, meu Deus, dirigi vossas palavras confortadoras a meus ouvidos arrebatados. Luz dos meus olhos, minha consolação, falai quando desejais, porque sempre vosso servo estará escutando.

Alexandre Pope

DERRAMAR PALAVRAS DE CONFORTO

A MINHA VIDA E A MINHA MORTE EM VOSSAS MÃOS MATERNAIS

Ó minha augusta Rainha, eu imploro a vossa misericórdia, e desde este momento para sempre, coloco a minha alma e o meu corpo debaixo de vossa especial proteção. Eu confio e ponho em vossas mãos as minhas esperanças e as minhas consolações, as minhas penas e as minhas misérias, a minha vida e a minha morte, assim que, por meio de vossa benévola mediação e de vossos méritos, todas as minhas ações se esforcem por viver a vossa vontade e a vontade de vosso Filho. Amém.

São Luís Gonzaga

ATRAVESSAR AS TORRENTES DA VIDA

Salve, ó santo Anjo de Deus, guarda da minha alma e do meu corpo! Pelo Coração dulcíssimo de Jesus Cristo, Filho de Deus, pelo amor daquele que criou a nós dois, por amor daquele que me confiou a vós no batismo, recebei-me aos cuidados de vossa fidelíssima vigilância, para que com esse auxílio, eu atravesse com pés imaculados as torrentes desta vida, a fim de chegar alegremente a contemplar aquele rosto maravilhoso que vós já contemplais, e aqueles semblantes de soberana divindade que superam toda e qualquer outra doçura.

Santa Gertrudes

PRESERVADOS DE TODO MAL

Glorioso São José, guarda e pai das virgens, a cujo cuidado fiel foi confiada a própria inocência, Jesus Cristo e a Virgem das Virgens, por este preciosíssimo penhor, fazei que preservados de toda mancha, possamos sempre servir castamente a Jesus e Maria, com mente sem contágio, com coração puro e corpo imaculado. Amém.

Liturgia romana

REPOUSO ETERNO I

Ó Senhor, dai-lhes o repouso eterno,
e resplandeça sobre eles a luz perpétua.
Descansem em paz.
Amém.

REPOUSO ETERNO II

Ó bom e doce Jesus,
por vossa dolorosa paixão e morte,
dai aos vivos o perdão e a graça,
e aos fiéis defuntos o repouso
e a luz sempiterna.
Amém.

Venerável L. Blósio

REPOUSO ETERNO III

O Senhor onipotente encaminhe na sua paz nossos dias e nossos atos. O Senhor nos abençoe, nos defenda de todo mal e nos conduza à vida eterna. E as almas dos fiéis defuntos, pela misericórdia de Deus, descansem em paz. Amém.

Liturgia romana

REPOUSO ETERNO IV

Ó Deus criador e Redentor de todos os fiéis, concedei às almas de todos os vossos servos falecidos a remissão de todos os pecados, a fim de que, por nossas piedosas súplicas, obtenham o perdão que sempre desejaram.

Liturgia romana

ORAÇÃO ESPERANDO O CÉU

Ó Senhor, tudo o que é perfeito vem de vós. Concedei-me poder esconder-me em vós para sempre. Eu não vos pedi para existir. Mas o meu nada não protestou contra vós quando mudastes este nada no ser que sou eu. Do mesmo modo não fui eu que pedi o santo Batismo. Quando minha consciência despertou do sono para o uso da razão, encontrei-me como vossa propriedade e marcado com vosso sinal. Eu não existo a não ser por vosso poder, e o meu único bem consiste em conseguir chegar até vós, que desde os primeiros momentos de minha vida me atraís na direção de vosso amor substancial e eterno. Terminai vossa obra reduzindo a nada todas as minhas resistências.

Senhor, os meus dias vão caindo um depois do outro como frutos do outono ao sopro do vento num jardim devastado. Conduzi-me em vosso caminho para vosso repouso. Dai-me o descanso de uma alma livre de todo afeto terreno e cheia de confiança em vós. Se julgais necessário, fazei-me até mesmo passar pela prova que purifica as almas ainda não preparadas, depois da morte, para possuir-vos para sempre. E, finalmente, ouvi em meu favor a oração contínua da Igreja, minha mãe, a oração de todos os antigos cristãos e do seu Espírito Consolador. Sim, ouvi em meu favor, e em favor de todos os nossos entes queridos, o grande *Requiem aeternam* (descanso eterno) com a *lux perpetua* (luz perpétua) que sereis vós mesmo, e o *in pace* (em paz) que vos peço com os joelhos em terra.

Pedro Charles

ENCONTRO COM DEUS

Senhor, quando chegará o dia em que ficaremos finalmente sozinhos, vós e eu? Às vezes, Senhor, eu me deleito em pensar naquele dia em que todas estas pequenas coisas que me deixam distraídas de vós, e que não consigo abandonar, se afastarão espontaneamente de mim, tornarão ao seu nada, e então, eu forçosamente me voltarei para vós.

Assim como os esplendores fugazes, as miragens encantadoras da tarde se dissolvem e desce a noite, ficando apenas o céu e a terra, quase parecendo fundir-se, assim acontecerá conosco. Mas, Senhor, eu vos darei então somente um tronco sem ramos e sem frutos, uma copa desfolhada, um altar frio e sem sacrifício?

Não, ó Senhor, eis-me aqui, eis-me aqui desde agora. Prendei-me vós mesmo, porque eu não sei aproximar-me sozinho. Prendei-me, Senhor, com força e suavemente, porque me destes uma alma que palpita e se agita ao mais leve toque, ó meu Senhor!

M. Barbara Tosati

LIBERTOS DO ÓDIO

Senhor, Nosso Deus, fazei que a morte nos leve libertos do ódio, cheios de vosso amor e do amor fraterno. Dai-nos praticar o bem. Que esse bem nos seja devolvido no terrível momento final. Mesmo na violência de nossa morte corporal, que não morra nossa alma nem tenha medo. Tende piedade, Senhor, daqueles que levastes longe de nossos olhos, na presença de gente estranha. Que essas queridas almas descansem em paz!

Nicolau Tommaso

ORAÇÃO PARA UMA BOA MORTE I

Meu Deus, não vos peço senão uma coisa nesta tarde: fazei que a morte não me surpreenda no meio do caminho, em minha subida para vós, mas como lemos nos antigos patriarcas, o número dos meus dias seja completo, quando vierdes pedir contas, as contas finais. O número dos meus dias seja completo, isto é, que tenha subido todos os degraus, tendo terminado a subida, feito todo meu trabalho, e minha vida tenha atingido aquela altura que vossa Providência estabeleceu para mim desde toda a eternidade em seus desígnios de misericórdia.

Pedro Charles

ORAÇÃO PARA UMA BOA MORTE II

Ó Senhor, abençoai a minha noite: minha mão agora descansa. E se as minhas emoções foram embriagadas por outros prazeres, se eu percorri a rota das ilusões, agora tenho o olhar velado de um moribundo. Abençoai a minha noite, Senhor. Nos sulcos caiu, como suave semente, a vossa misericórdia, e um jardim de rosas floresceu por obra de vosso amor, e por vossa bondade brilha um brando sol. Se olho para vosso rosto, Senhor, arde em mim a paz. Abençoai a minha noite. Abençoai, Senhor.

Eu permanecerei silencioso em vossas mãos, consentindo numa morte piedosa. O meu coração agitado se achegará ao vosso peito, como uma criança sonolenta que reclina a cabeça no seio de sua mãe. Abençoai, Senhor. Lentamente vai descendo vosso descanso sobre as curvas ramagens das árvores, que palpitam como pássaros adormecidos. Abençoai. A noite límpida avançará e fará languescer a vida. Em vós desaparecerá lentamente a solidão dos dias, mas surgirá um dia radioso e uma bela manhã ensolarada.

W. De Woestyne

ORAÇÃO PARA UMA BOA MORTE III

Ó Senhor, aquilo que eu não vejo, mesmo assim eu creio, por causa de vossa palavra. Creio que as riquezas, as delícias e a felicidade do céu são indizivelmente imensas. Creio que sois a beleza e a doçura suprema e incriada, donde brota toda beleza e doçura incriada. Fazei, Senhor, que eu permaneça fiel àquilo que não vejo, para merecer um dia contemplar o que agora eu creio.

Ó doce Jesus, na hora de minha partida, abençoai a minha alma, envolvei a minha morte com a força vital de vossa morte, que é a feliz aliança e o sólido compromisso de minha reconciliação.

Enviai então a fiel auxiliadora, Maria Virgem, vossa amável Mãe, insigne estrela do mar, para que guiado por esta preclara e brilhante aurora, eu fique sabendo que finalmente vós estais perto, ó sol de justiça. Ó excelentíssima pedra preciosa da divina nobreza, ó elegante flor da dignidade humana, ó Jesus cheio de ternura, benigno companheiro do meu exílio, acolhei-me na feliz mansão da eterna paz e do vosso esplendor.

Lá, ó minha única salvação, consolai-me com a visão de vossa doce presença. Lá, criai-me novamente, feliz por me haverdes redimido. Lá, com o beijo da perfeita união, fazei-me mergulhar na perpétua fruição de vós. Que eu viva em vós, exulte em vós, e a vós tribute um sacrifício de louvor sem fim. Amém.

Luís Blósio

PARA A ÚLTIMA HORA

Senhor, quando chegar minha última hora e for preciso soar vossa chamada suprema, concedei-me a graça de morrer em país cristão, como foi de vosso agrado fazer-me nele nascer. Não vos peço, Senhor, de ter então perto de mim almas amigas ou doces afetos familiares, o que seria um sublime dom. Mas deixo a vós a liberdade de conceder-me ou negar-me este favor.

Fazei, porém, que meus membros enfraquecidos repousem ao sorriso de nossa Mãe querida, e que orações piedosas, erguidas ao vosso santuário, sustentem minha respiração ofegante. Fazei que a cruz, augusta visão, repouse perto de mim nesse instante, e que as sagradas palavras da absolvição desçam consolando meu coração oprimido. Vós, Senhor, podeis socorrer-nos em qualquer lugar. Mas aquele que ensinou aos seus discípulos a viver na unidade de coração, não vai querer-nos recriminar se temos medo de morrer sozinhos.

Cardeal E. Newman

SALVAI-NOS DO INFERNO

Piedade, Senhor, salvai-nos do inferno, que realmente existe, eu bem sei. Piedade, Senhor. Vós sois misericordioso e tudo podeis. Salvai-nos do fogo eterno que nos espera. Neste breve estalar de dedos que é a duração do nada, desde a queda de Adão até o Juízo final, a que assistimos mudos, depois de vos termos provocado imprudentemente, e de que participamos todos nós, nesta fração de segundo inapreciável que nos concedestes, e que a vossa misericórdia nos dá a ilusão de ser uma medida de tempo, nós homens, como um exército infindável de pequenas formigas que avança no tempo, semeando-o de ossos, fomos sempre corajosos e otimistas, e caminhamos alegres e confiantes, com os olhos voltados para o alto. Estamos sobre o nada, sustentados por vós, apesar de indignos. Valha-nos esta coragem e esta confiança para conseguir o vosso perdão e vossa piedade, Senhor!

Aquiles Campanile

NOS BRAÇOS DA IGREJA

Ó meu Senhor e Salvador, socorrei-me na hora de minha morte com os poderosos braços de vossos sacramentos e com o suave perfume de vossas consolações. Que as palavras do perdão sejam pronunciadas sobre mim, que o Óleo Santo me assinale e marque, que o vosso próprio Corpo seja o meu alimento e o vosso Sangue o meu banho. Que minha terna Mãe Maria se incline sobre mim, e meu Anjo da Guarda me sussurre: Paz! Que meus gloriosos Santos me sorriam. Que por meio de todos eles e por sua intercessão eu obtenha a graça da perseverança, e morra, assim como quero viver, em vossa fé, dentro de vossa Igreja, a vosso serviço e em vosso amor.

Cardeal Newman

Há um texto bíblico para cada situação, para cada ocasião. Porque os autores sagrados são pessoas que passaram, como nós, pelas mais diferentes condições e retrataram nos textos inspirados os seus sentimentos.

Vão aqui algumas sugestões para você aplicá-las às diversas situações que encontra na vida.

Somos perseguidos ou caluniados: Sl 10; 12; 120; 140; Jr 20,7-13; Mt 10,17-25

Somos tentados: Sl 73; 141; Dt 8,1-16; Mt 4,1-11; Tg 1,12-15

Estamos profundamente arrependidos: Sl 51; Jó 42,1-6; Lc 15,1-32; 1Jo 3,3-24

Não sabemos que rumo tomar: Sl 1; Dt 30,15-20; Mq 6,1-8; Jo 3,1-21; Rm 7,14-25

Achamos a vida inútil e sem sentido: Sl 90; Ecl 4,1-12; Lc 24,12-35

Estamos revoltados contra a injustiça e a opressão: Sl 58; 94; 101; Is 33,1-6; Hb 2,5-20; Jo 10,1-21

Sentimos dificuldades em perdoar alguém: Sl 130; Jn 1,3; Mt 18,23-35; 1Cor 13,1-13

Deus nos parece distante: Sl 139; Mt 6,25-34; Fl 4,4-9

Necessitamos de confiança e refúgio: Sl 3; 27; 42; 56; 61; 63; Dt 32,1-4; Mt 11,28-30

Achamos que não adianta rezar: Sl 4; 6; Lc 11,1-13; Jo 17

Estamos doentes: Sl 38; 88; 102; Tg 5,11-15
Conseguimos sair vitoriosos numa dificuldade ou reivindicação: Sl 18; 118; Êx 15,1-21; Jt 16,1-17; Is 42,10-17
Queremos agradecer: Sl 40; 113; 138; Dn 3,57-88; Lc 1,46-55; Ap 15,3-4
Vamos participar do culto na igreja: Sl 15; Is 1,10-20; Lc 18,9-14; Tg 2,14-26

Para pedir sabedoria: 1, 24
Quando me sinto oprimido: 2
Quando estou confiante: 3, 15, 22, 27, 39, 40, 45, 126, 129, 130
Para descansar em Deus: 4
Na insegurança: 5
Quando estou arrependido: 6
Na perseguição: 7, 82, 139
Louvando a Deus: 8, 18, 28, 32, 35, 47, 64, 75, 91, 95, 98, 107, 110, 112, 116, 134, 135, 137, 148, 149, 150
Para me alegrar em Deus: 9
Na aflição: 10, 55, 59, 63, 73, 78
Pedindo proteção: 11, 16, 19, 53, 58, 90, 120, 124
Buscando refúgio: 12, 34, 56, 60, 61, 141
Na descrença: 13, 52
Para bem agir: 14, 33, 36, 38, 48, 74, 100, 111
Para dar glória a Deus: 17, 65, 76, 86, 92
Para agradecer: 20, 29, 66, 102, 106, 114, 115, 123, 125, 128
No sofrimento: 21, 68
Na presença de Deus: 23, 83, 138
Pedindo justiça: 25, 57, 71, 81, 93, 108
Para pedir a esperança: 26
Procurando abrigo: 30
Pedindo perdão: 31, 37, 50
No desânimo: 41
Quando estou abatido: 42, 101
Na angústia: 43, 87, 142

Confiando em Deus: 9, 12, 15, 16, 25, 27, 28, 29, 36
Louvando o Senhor: 14, 17, 21, 22, 32, 41
Precisando de alegria: 24, 31, 42
Cantando a alegria: 25, 30, 32, 37, 41

FSC
www.fsc.org
MISTO
Papel produzido
a partir de
fontes responsáveis
FSC® C132240

A marca FSC® é a garantia de que a madeira utilizada na fabricação do papel deste livro provém de florestas que foram gerenciadas de maneira ambientalmente correta, socialmente justa e economicamente viável.

Este livro foi composto com as famílias tipográficas Times e Times New Roman e impresso em papel Offset 75g/m² pela **Gráfica Santuário.**

Permita que a Palavra de Deus abenço todos os seus dias

Ler a Bíblia toda é uma tarefa difícil e exige entrega e determinação. Esse livro nos propõe justamente esse desafio, em um ano ler cada capítulo e versículo da Palavra de Deus. Uma jornada de comprometimento e fé, ao encontro do Espírito Santo.

0800 16 0004
editorasantuario.com.br

EDITORA SANTUÁRIO